Sarah Abbondio

Mini-Amigurumis

süße Meeresbewohner

25 niedliche Freunde häkeln

Sarah Abbondio ist eine dänisch-schweizerische Designerin, die sich schon früh kreativ ausleben wollte. Nach einer Ausbildung als Design-Ingenieurin arbeitete sie freiberuflich als Designerin und Produktentwicklerin für mehrere dänische Firmen. Das Häkeln entdeckte sie durch die Geburt ihrer Tochter. Weil sie ihr ein selbstgemachtes Spielzeug schenken wollte, brachte sie sich selbst das Häkeln bei – und blieb dabei. Sarah Abbondio lebt in Dänemark und ist mittlerweile Autorin mehrerer Häkelbücher.

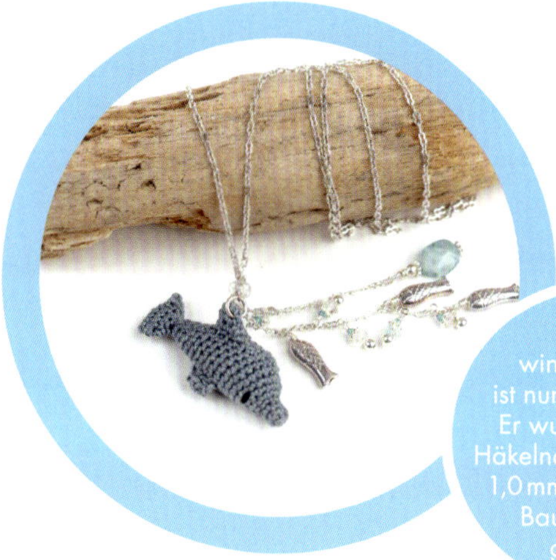

Dieser winzige Delfin ist nur 4,5 cm groß. Er wurde mit einer Häkelnadel der Stärke 1,0 mm und dünnem Baumwollgarn gehäkelt.

Vielen Dank an meine Testhäklerinnen:

Mette Glavind

Karen-Birgit Kamsgaard

Dorthe Beith Hansen

Sarah Abbondio

Mini AMIGURUMIS

süße Meeresbewohner

25 niedliche Freunde häkeln

EMF

EIN BUCH DER
EDITION MICHAEL FISCHER

Inhalt

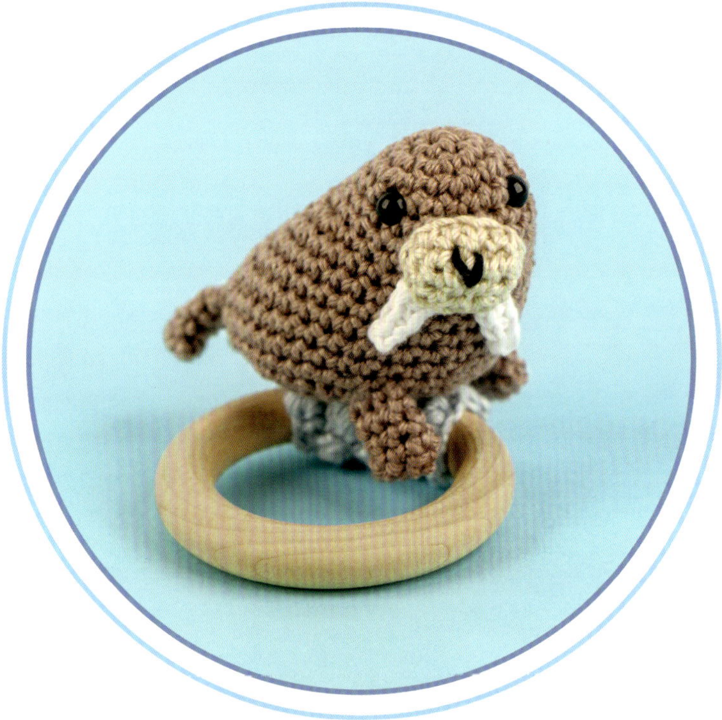

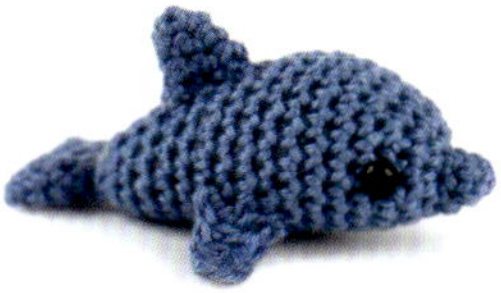

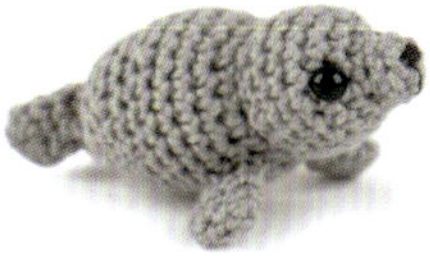

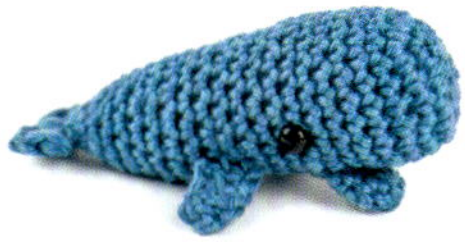

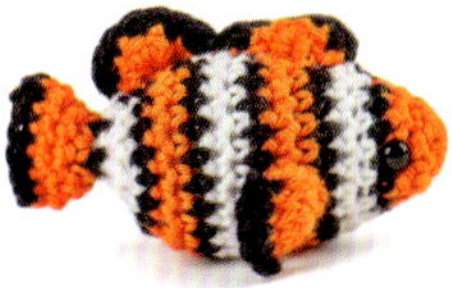

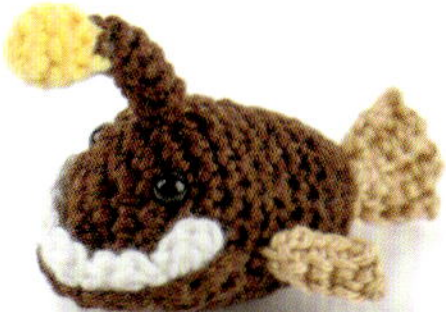

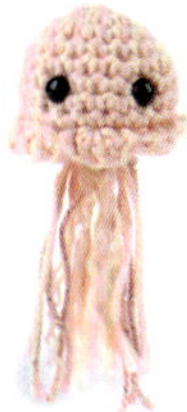

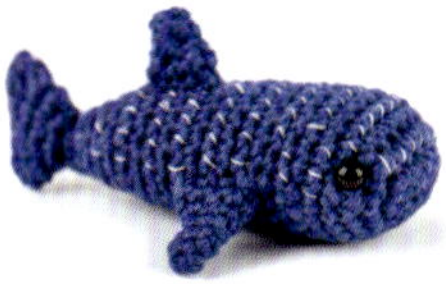

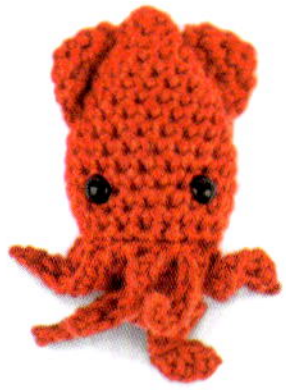

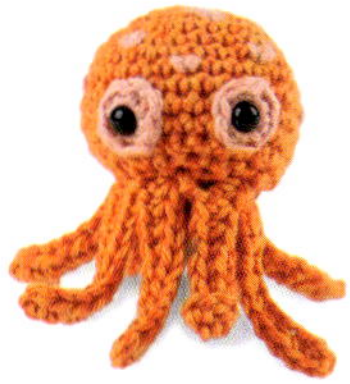

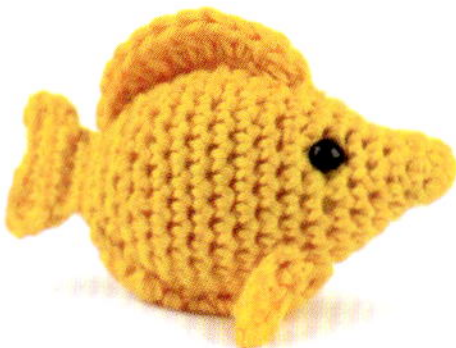

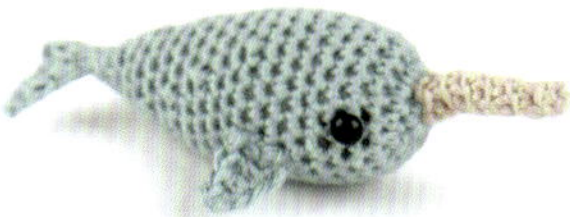

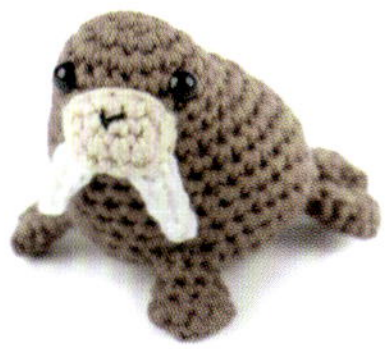

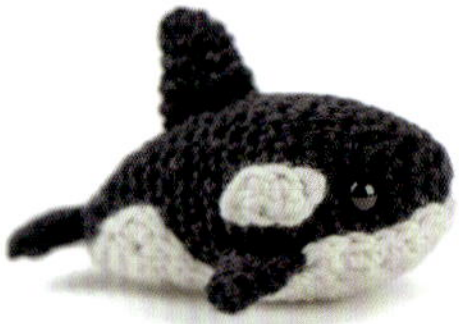

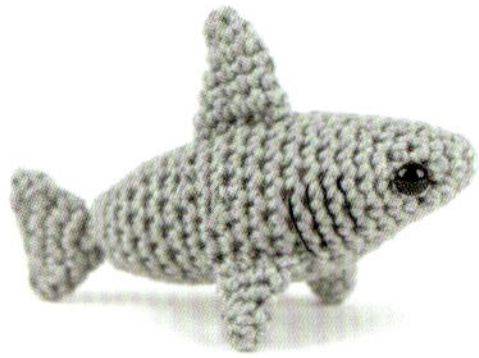

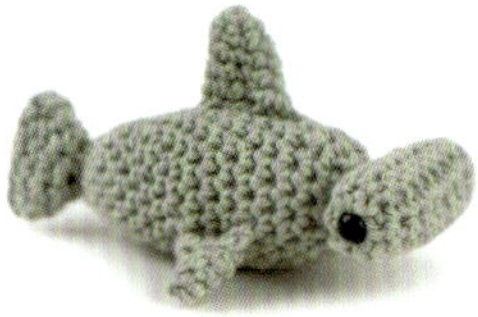

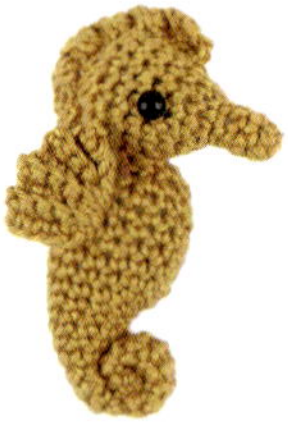

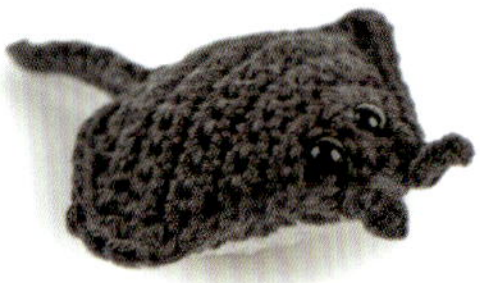

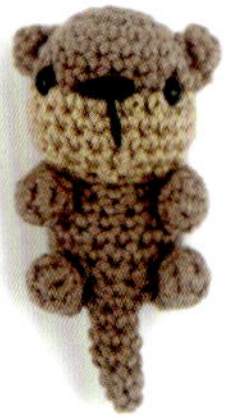

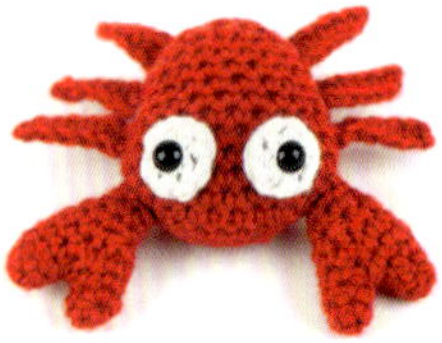

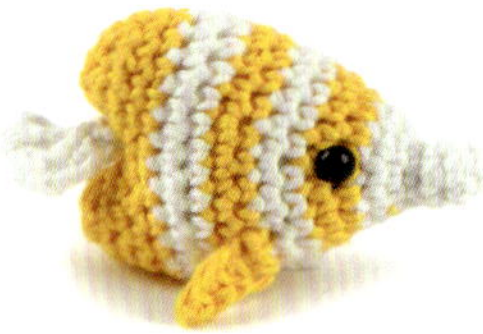

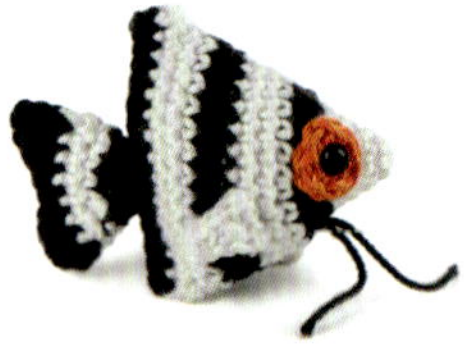

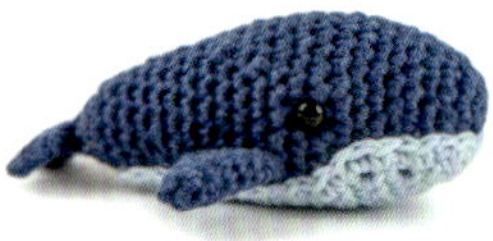

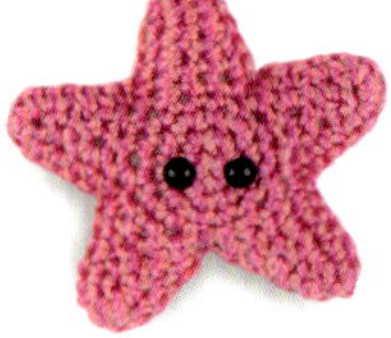

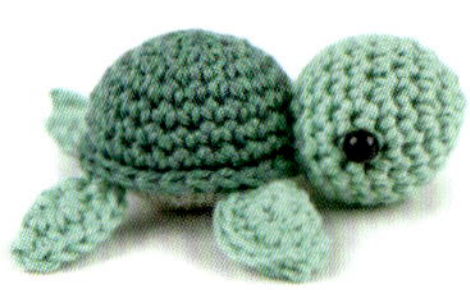

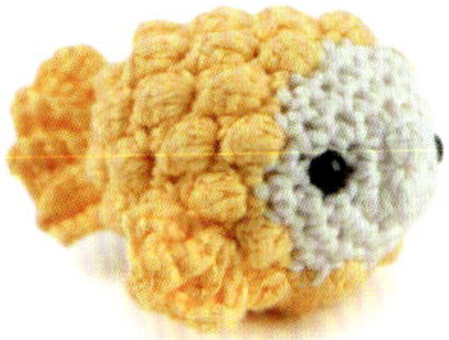

KUGELFISCH
46

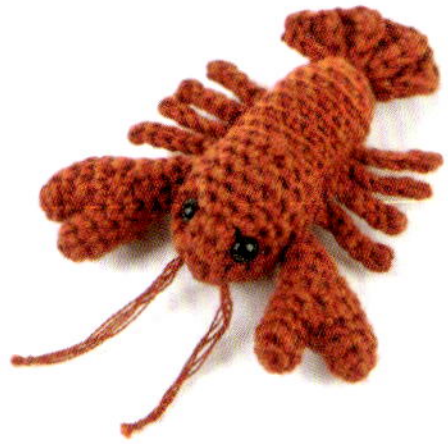

HUMMER
47

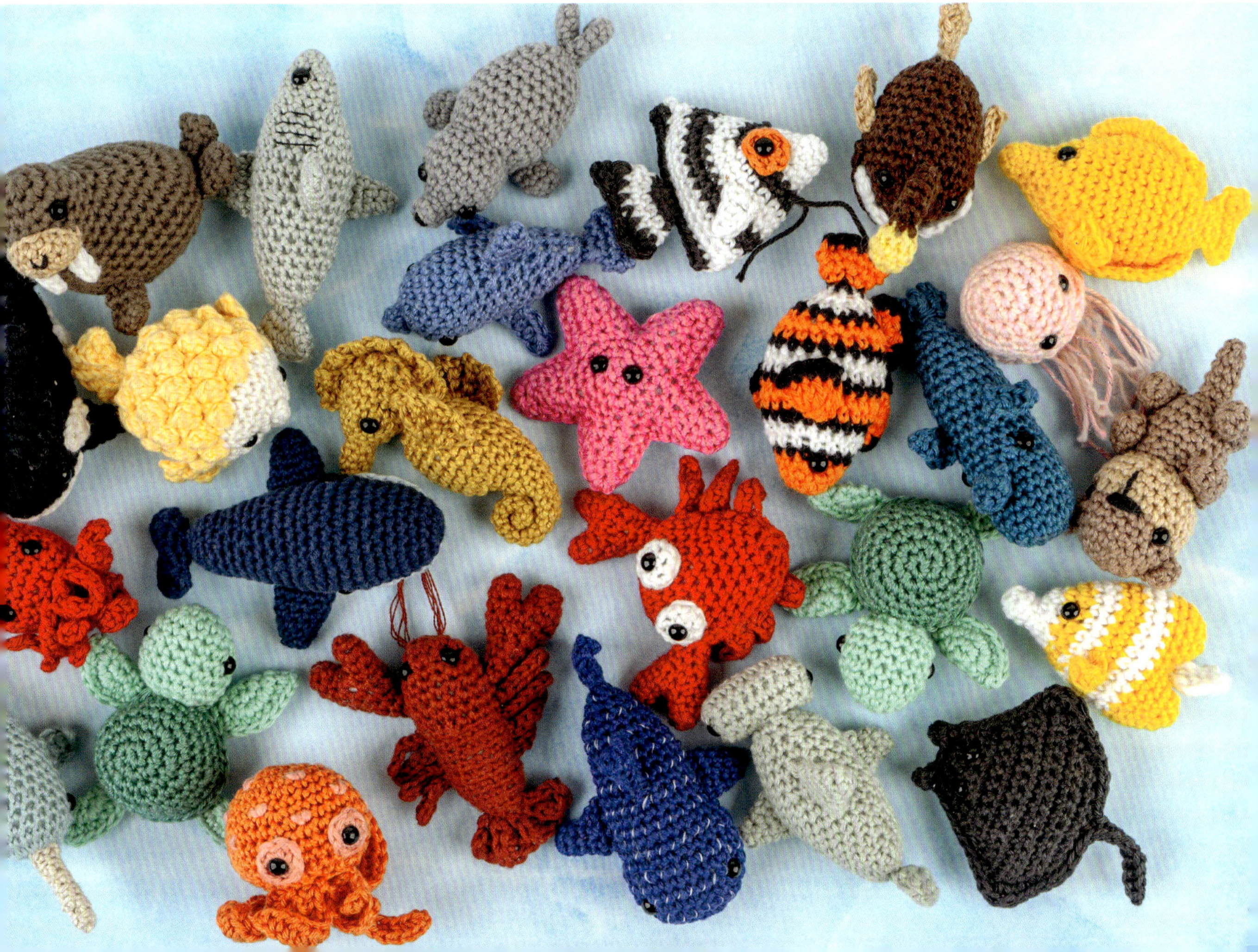

MATERIAL UND WERKZEUGE

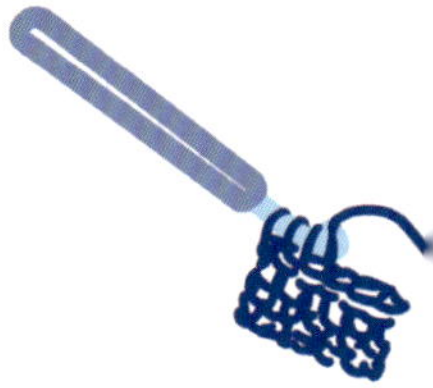

GARN

Die meisten Tiere werden mit dünnem Baumwollgarn (Sockenwolle) mit einer Lauflänge von 160–170 m je 50 g und einer Häkelnadel in Stärke 2,5 mm gehäkelt. Für die etwas größere Version des Walrosses wird dieses Garn doppelt genommen und eine Häkelnadel der Stärke 4,0 mm verwendet. Die größten Versionen des Pottwals, des Oktopus' und des Hais werden mit dickerem Chenillegarn und einer Häkelnadel der Stärke 5,5 mm gehäkelt.
Da für die Figuren nur wenig Garn benötigt wird, eignen sie sich perfekt zum Verwerten deiner Garnreste aus anderen Projekten. Hier kannst du wirklich mit verschiedenen Garnen aus deinem Vorrat experimentieren. Für die besondere Optik der großen Qualle (Seite 18) zum Beispiel wurden vier verschiedene Garnstärken und eine Häkelnadel der Stärke 9,0 mm verwendet.

HÄKELNADEL

Nimm einfach die für das jeweilige Garn empfohlene Nadelstärke. Bedenke aber, dass die Figur größer wird, wenn du mit dickerem Garn und einer größeren Nadel arbeitest. Sie wird umgekehrt kleiner, wenn das Garn dünner und die Nadel kleiner als angegeben ist. Für die Figuren in diesem Buch habe ich eine 2,5 mm starke Häkelnadel benutzt.

MASCHENMARKIERER

Wenn du in Spiralrunden häkelst, ist ein Maschenmarkierer hilfreich, damit du weißt, wo die Runde endet. Setze den Maschenmarkierer einfach eine Runde weiter, wenn du eine Runde beendet hast.

FÜLLMATERIAL

Die Figuren werden alle mit weicher Kunstfaserfüllwatte ausgestopft, die man in den meisten Bastel- und Handarbeitsläden bekommt.

NADELN

Nimm zum Zusammennähen der Einzelteile und zum Vernähen der Garnenden eine Stopfnadel mit stumpfer Spitze.

SICHERHEITSAUGEN

Für die Figuren in diesem Buch habe ich schwarze Sicherheitsaugen mit 6 mm Durchmesser verwendet. Wenn die Figuren auf Rasseln oder als Spielzeug für Kinder unter 3 Jahren verwendet werden, empfehle ich, die Augen mit schwarzem Stick- oder Nähgarn aufzusticken.

HINWEISE UND ABKÜRZUNGEN

BEGINN

Für alle Figuren in diesem Buch wird zuerst ein Fadenring oder eine Luftmaschenkette gehäkelt. Wenn du mit einem Fadenring beginnst, wird deine Figur in Spiralrunden gehäkelt. Für das Häkeln in Runden ist ein Maschenmarkierer sehr hilfreich. So kannst du den Anfang und das Ende jeder Runde gut erkennen.
Eine Luftmaschenkette wird verwendet, wenn in Reihen hin- und hergehäkelt wird. Die Arbeit wird dann am Ende jeder Reihe gewendet. In Ausnahmefällen benötigt man auch beim Häkeln in Runden eine Luftmaschenkette.
Wenn nicht anders angegeben, wird immer in beide Maschenglieder einer Masche gehäkelt.

SYMBOLE IN DEN ANLEITUNGEN

Die Ziffern in Klammern zeigen an, wie viele Maschen eine Runde oder Reihe hat.
Sternchen * bedeuten, dass die Anleitungsteile danach so oft wiederholt werden müssen, wie direkt dahinter angegeben wird.

FERTIGE GRÖSSE

Jedes Tier ist etwa 7–9 cm groß, wenn es mit dem angegebenen Garn gehäkelt wurde.

ABKÜRZUNGEN

1 M abn	eine Masche abnehmen
1 M zun	eine Masche zunehmen (2 feste Maschen in dieselbe Masche häkeln)
fM	feste Masche(n)
hStb	halbe(s) Stäbchen
ihM	ins hintere Maschenglied
ivM	ins vordere Maschenglied
Km	Kettmasche(n)
Lm	Luftmasche(n)
M	Masche(n)
Popcorn-M	Popcorn-Masche(n)
R	Reihe(n)
Rd	Runde(n)
Stb	Stäbchen
wdh	wiederholen

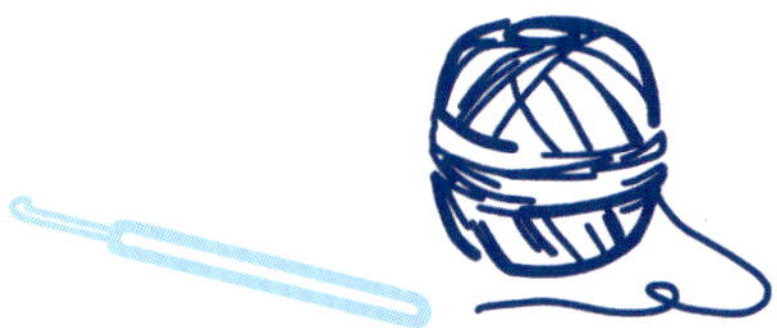

HÄKELTECHNIKEN

FADENRING

1. Das Fadenende festhalten und den Arbeitsfaden um zwei Finger wickeln, sodass ein Ring entsteht.
2. Die Häkelnadel in den Ring führen.
3. Den Faden auf die Nadel nehmen und durch den Ring ziehen. Jetzt liegt eine Schlinge auf der Nadel.
4. Eine Luftmasche häkeln, indem du das Garn um die Nadel legst und es durch die Schlinge auf der Nadel ziehst.
5. Die Nadel in den Ring führen und das Garn aufnehmen. Jetzt liegen zwei Schlingen auf der Nadel.
6. Das Garn erneut auf die Nadel legen und durch beide Schlingen auf der Nadel ziehen. Jetzt wurde eine feste Masche gehäkelt. Schritt 5 und 6 wiederholen, bis die gewünschte Maschenanzahl gehäkelt wurde.
7. Das lose Fadenende zu einem Ring festziehen, sodass sich das Loch in der Mitte schließt (siehe Abbildungen unten).

LUFTMASCHE HÄKELN (Lm)

1. Eine Schlinge in das Garn knoten und die Häkelnadel durchführen.
2. Den Faden auf die Nadel legen und durch die Anfangsschlinge ziehen. Das ist die erste Luftmasche.
3. Fahre fort, den Faden auf die Nadel zu legen und durch die Schlinge zu ziehen, bis du die in der Anleitung angegebene Luftmaschenanzahl gehäkelt hast.

KETTMASCHE (Km)

1. Mit der Nadel in die folgende Masche einstechen.
2. Den Faden auf die Nadel legen und durch die Masche und die Schlinge auf der Nadel ziehen. Schon fertig!

FESTE MASCHE (fM)

1. Mit der Nadel in die nächste Masche einstechen.
2. Den Faden auf die Nadel legen und durch die Masche ziehen. Jetzt liegen zwei Schlingen auf der Nadel.
3. Den Faden erneut auf die Nadel legen und durch beide Schlingen auf der Nadel ziehen. Fertig ist deine feste Masche!

STÄBCHEN (Stb)

1. Den Faden um die Nadel legen, in die nächste Masche einstechen, den Faden abermals um die Nadel

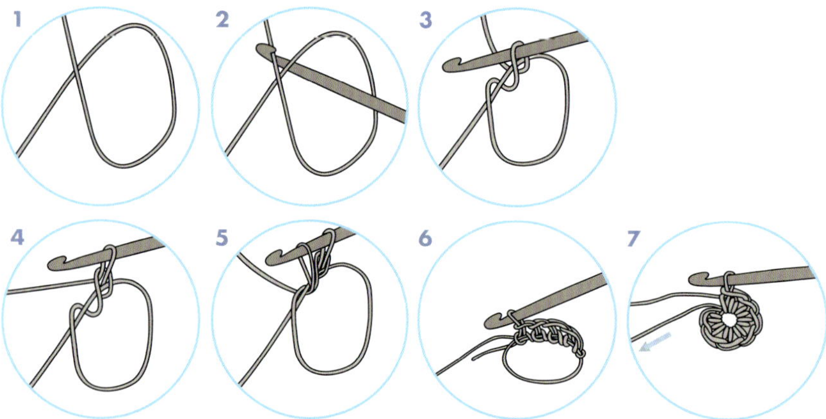

legen und durch die Masche ziehen. Nun befinden sich drei Schlingen auf der Häkelnadel.
2. Den Faden noch einmal um die Nadel legen und durch die ersten beiden Schlingen auf der Nadel ziehen. Jetzt liegen noch zwei Schlingen auf der Nadel.
3. Den Faden auf die Nadel legen und abermals durch beide Schlingen auf der Nadel ziehen. Fertig ist das Stäbchen!

HALBES STÄBCHEN (hStb)

1. Den Faden um die Nadel legen, in die nächste Masche einstechen, den Faden noch einmal um die Nadel legen und durch die Masche ziehen. Es befinden sich drei Schlingen auf der Nadel.
2. Den Faden noch einmal auf die Nadel legen und durch alle drei Schlingen auf der Nadel ziehen. Fertig ist dein halbes Stäbchen!

POPCORN-MASCHE (POPCORN-M)

Eine Popcorn-Masche besteht aus 4 unfertigen Stäbchen in einer Masche.

1. Ein Stäbchen arbeiten, aber am Ende den Faden nicht durchziehen, sodass noch zwei Schlingen auf der Nadel liegen. Noch drei weitere unfertige Stäbchen häkeln, bis fünf Schlingen auf der Nadel liegen.
2. Den Faden um die Nadel legen und durch alle Schlingen ziehen. Mit einer Luftmasche enden.

FARBWECHSEL

1. Mit der Nadel in die nächste Masche einstechen.
2. Den Faden auf die Nadel legen und durch die Schlinge ziehen. Jetzt liegen zwei Schlingen auf der Nadel.
3. Mit dem neuen Faden weiterarbeiten: Den Faden auf die Nadel legen und durch beide Schlingen auf der Nadel ziehen.
4. Mit der neuen Farbe weiterarbeiten.

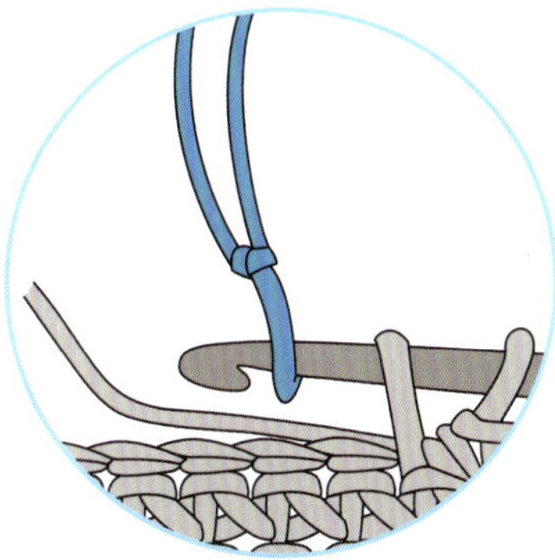

MASCHEN ABNEHMEN (1 M abn)

Hierbei werden zwei feste Maschen zusammengehäkelt.

1. Mit der Nadel in die nächste Masche einstechen, den Faden um die Nadel legen und durch die Masche ziehen.
2. Mit der Nadel in die nächste Masche einstechen, den Faden um die Nadel legen und durch diese Masche ziehen. Jetzt liegen drei Schlingen auf der Nadel.
3. Den Faden wieder um die Nadel legen und durch alle drei Schlingen auf der Nadel ziehen. Jetzt hast du zwei feste Maschen zusammengehäkelt und eine Masche abgenommen.

MASCHEN ZUNEHMEN (1 M zun)

Hierbei werden einfach zwei feste Maschen in eine Masche gehäkelt.

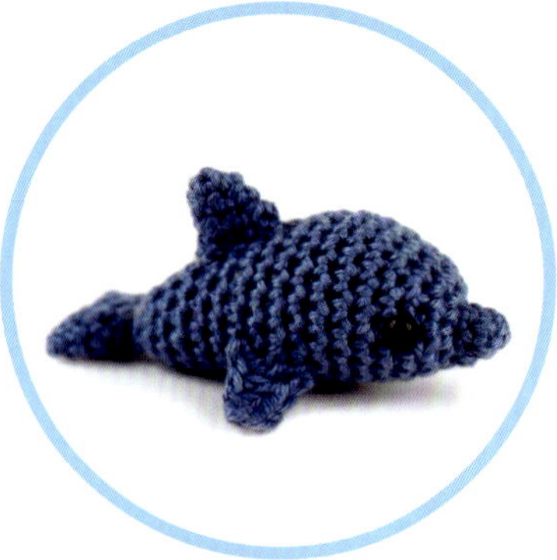

DELFIN

KOPF UND KÖRPER

1. Rd: mit blauem Garn 6 fM in einen Fadenring arbeiten. [6]
2.–3. Rd: 6 fM häkeln. [6]
4. Rd: 3 x 1 M zun, 3 fM. [9]
5. Rd: 5 x 1 M zun, 4 fM. [14]
6. Rd: * 1 M zun, 6 fM; ab * noch 1 x wdh. [16]
Einen Maschenmarkierer in der ersten M der Rd für die Kopfunterseite und nach weiteren 8 M für die Kopfoberseite anbringen. Diese Markierungen zeigen später an, wo du die Zunahmen und Abnahmen häkeln musst, um dem Körper die entsprechende Form zu verleihen.
7. Rd: 7 fM (oder so viele M, wie nötig sind, um bis zur M vor dem oberen Maschenmarkierer zu gelangen), 2 x 1 M zun, 7 fM (oder die in der Rd verbleibende Maschenanzahl). [18]
8.–10. Rd: 18 fM häkeln. [18]
11. Rd: 1 M zun, 6 fM, 2 x 1 M abn, 6 fM, 1 M zun. [18]
12. Rd: 18 fM häkeln. [18]
13. Rd: 8 fM, 2 x 1 M abn, 6 fM. [16]
Die Sicherheitsaugen zwischen der 6. und 7. Rd mit einem Abstand von 7 M einsetzen. Dabei darauf achten, wo sich die Körperoberseite bzw. -unterseite befindet.
14. Rd: 16 fM häkeln. [16]
Beim Häkeln nach und nach mit Füllwatte ausstopfen.
15. Rd: bis 2 M vor dem oberen Maschenmarkierer fM häkeln, 2 x 1 M abn, fM bis zum Rundenende häkeln. [14]
16. Rd: 14 fM häkeln. [14]
17. Rd: bis 2 M vor dem oberen Maschenmarkierer fM häkeln, 2 x 1 M abn, fM bis zum Rundenende häkeln. [12]
18. Rd: bis 1 M vor dem oberen Maschenmarkierer fM häkeln, 2 x 1 M abn, fM bis zum Rundenende häkeln. [10]
19. Rd: bis 1 M vor dem oberen Maschenmarkierer fM häkeln, 2 x 1 M abn, fM bis zum Rundenende häkeln. [8]
20. Rd: bis 1 M vor dem oberen Maschenmarkierer fM häkeln, 2 x 1 M abn, fM bis zum Rundenende häkeln. [6]
21. Rd: bis 1 M vor dem oberen Maschenmarkierer fM häkeln, 2 x 1 M abn, fM bis zum Rundenende häkeln. [4]
22. Rd: 4 x 1 M zun. [8]
23. Rd: * 1 M zun, 1 fM; ab * noch 3 x wdh. [12]
24. Rd: * 1 M zun, 2 fM; ab * noch 3 x wdh. [16]
Abketten und einen Faden zum Nähen lassen. Den Schwanz horizontal flach drücken und durch beide Lagen zusammennähen.

FLOSSE (2 x)

Mit blauem Garn 5 Lm anschlagen und in die 2. Lm ab der Nadel einstechen.
1. Rd: 1 fM, 1hStb, 2 Stb. [4]
Mit 1 Lm enden und die Flossen zwischen der 11. und 13. Rd mit einem Abstand von 4 M auf der Körperunterseite festnähen.

RÜCKENFLOSSE

Die Zunahmen in jeder Runde an derselben Stelle arbeiten.
1. Rd: mit blauem Garn 4 fM in einen Fadenring häkeln. [4].
2. Rd: 1 M zun, 3 fM. [5]
3. Rd: 1 M zun, 4 fM. [6]
4. Rd: * 1 M zun, 2 fM; ab * noch 1 x wdh. [8]
Abketten und einen Faden zum Nähen lassen. Die Flosse zwischen der 14. und 17. Rd oben am Rücken befestigen.

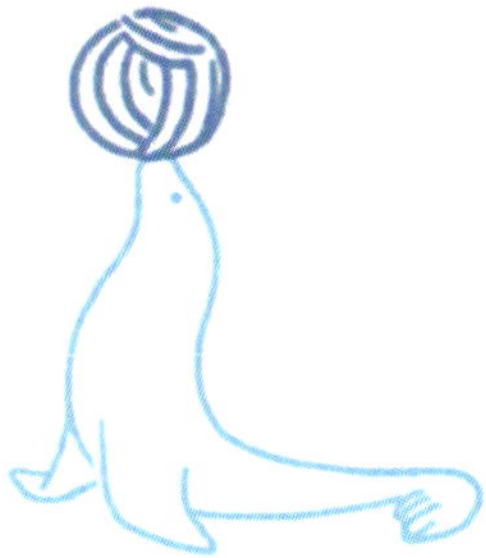

ROBBE

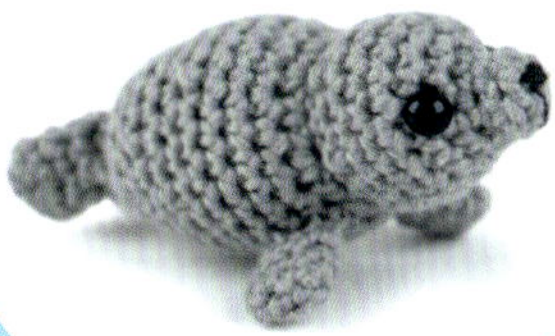

KOPF/KÖRPER

Den Körper gemäß der Anleitung für den Delfin häkeln (Seite 12), dabei graues Garn verwenden.

KOPF

1. Rd: mit grauem Garn 6 fM in einen Fadenring häkeln. [6].
2.–3. Rd: 6 fM häkeln. [6]
4. Rd: * 1 M zun; ab * noch 2x wdh, 3 fM. [9]
5. Rd: * 1 fM, 1 M zun; ab * noch 2x wdh, 3 fM. [12]
6. Rd: * 1 M zun, 1 fM; ab * noch 5x wdh. [18]
7.–9. Rd: 18 fM häkeln. [18]
10. Rd: * 1 M abn, 1 fM; ab * noch 5x wdh. [12]
11. Rd: 12 fM häkeln. [12]
12. Rd: * 1 M zun, 1 fM; ab * noch 5x wdh. [18]
Die Sicherheitsaugen zwischen der 5. und 6. Rd mit einem Abstand von 5 M einsetzen.
13. Rd: * 1 M zun, 2 fM; ab * noch 5x wdh. [24]
14.–17. Rd: 24 fM häkeln. [24]
18. Rd: * 1 M abn, 6 fM; ab * noch 2x wdh. [21]
19.–20. Rd: 21 fM häkeln. [21]
Kopf und Körper nach und nach mit Füllwatte ausstopfen.
21. Rd: * 1 M abn, 5 fM; ab * noch 2x wdh. [18]
22. Rd: 18 fM häkeln. [18]
23. Rd: * 1 M abn, 4 fM; ab * noch 2x wdh. [15]
24. Rd: * 1 M abn, 3 fM; ab * noch 2x wdh. [12]
25. Rd: * 1 M abn; ab * noch 5x wdh. [6]
Abketten, die Öffnung zunähen und das Garnende vernähen. Mit schwarzem Garn eine Nase aufsticken.

FLOSSE (4x)

Mit grauem Garn 4 Lm anschlagen und in die 2. Lm ab der Nadel einstechen.
1. Rd: 2 fM, 1 M zun, 2 fM auf der anderen Seite der Lm-Kette häkeln. [6]
2.–4. Rd: 6 fM häkeln. [6]
Abketten und einen Faden zum Nähen lassen. Die Vorderflossen und der Schwanz bestehen aus denselben Häkelteilen. Deshalb die Flosse 4x häkeln. 2 Flossen flach drücken und jeweils eine auf beiden Seiten des Körpers von der 14. bis 12. Rd festnähen. Der Schwanz besteht aus 2 Flossen, die waagrecht am hinteren Körperende befestigt werden.

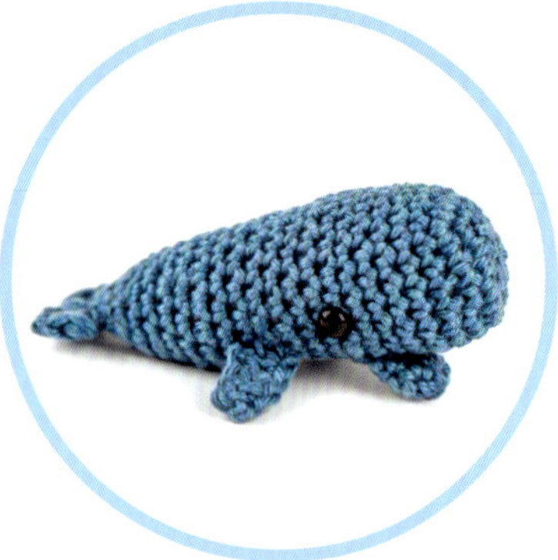

POTTWAL

MAUL

1. Rd: mit blauem Garn 6 fM in einen Fadenring häkeln. [6].
2.–3. Rd: 6 fM häkeln. [6]
Das Maul nicht ausstopfen. Abketten und Garnende vernähen.

KÖRPER

Mit blauem Garn 6 Lm anschlagen und in die 2. Lm ab der Nadel einstechen. In der 1. Rd rund um die Lm-Kette häkeln.
1. Rd: 1 M zun, 3 fM, 3 fM in die nächste M, 4 fM auf der anderen Seite der Lm-Kette häkeln. [12]
2. Rd: 2x 1 M zun, zwischen den M der ersten Zunahme einen Maschenmarkierer anbringen, um die Kopfoberseite zu markieren, 3 fM, 3x 1 M zun, in der Mitte der zweiten Zunahme einen Maschenmarkierer anbringen, um die Walunterseite zu markieren, 3 fM, 1 M zun. [18]
3.–7 Rd: 18 fM häkeln. [6]
8. Rd: bis 1 M vor der Markierung für die Unterseite fM häkeln. Das Maul flach drücken und an der Körperaußenseite anlegen, 3 fM sowohl durch das Maul als auch durch den Körper häkeln (insgesamt 3 Lagen), dann die restlichen M bis zum Ende der Rd durch eine Lage arbeiten. [18]
9. Rd: * 1 M abn, 7 fM; ab * noch 1x wdh. [16]
10.–11. Rd: 16 fM häkeln. [16]
12. Rd: 1 M abn, 14 fM. [15]
13.–16. Rd: 15 fM häkeln. [15]
Die Augen zwischen der 9. und 10. Rd mit einem Abstand von 6 M befestigen. Den Körper mit Füllwatte ausstopfen.
17. Rd: * 1 M abn, 3 fM; ab * noch 2x wdh. [12]
18.–19. Rd: 12 fM häkeln. [12]
20. Rd: * 1 M abn, 4 fM; ab * noch 1x wdh. [10]
21. Rd: * 1 M abn, 3 fM; ab * noch 1x wdh. [8]
22. Rd: * 1 M abn, 2 fM; ab * noch 1x wdh. [6]
Abketten und Garnende vernähen.

FLOSSEN (2x)

Mit blauem Garn 5 Lm anschlagen und in die 2. Lm ab der Nadel einstechen.
1. Rd: 1 fM, 2 hStb, 1 Stb. [4]
Mit 1 Lm enden und zwischen der 11. und 13. Rd mit einem Abstand von 4 M auf der Körperunterseite festnähen.

SCHWANZ

Mit blauem Garn 9 Lm anschlagen und in die 3. Lm ab der Nadel einstechen.
1. R: jeweils 1 unvollständiges Stb in die nächsten 3 M häkeln, also die letzten beiden M nicht zusammen abmaschen, sondern auf der Nadel behalten.
Nun sind 4 Schlingen auf der Häkelnadel. Das Garn durch alle 4 Schlingen ziehen.
1 Km rund um die Lm-Kette häkeln. Jeweils 1 unvollständiges Stb in die nächsten 4 M häkeln. Nun sind 5 Schlingen auf der Häkelnadel. Das Garn durch alle 5 Schlingen ziehen. Mit 1 Lm enden und die Schwanzmitte am Körper befestigen.

Dieser wunderschön flauschige und etwas größere (21 cm) Wal wurde mit einer Häkelnadel der Stärke 5,5 mm und Chenillegarn gehäkelt.

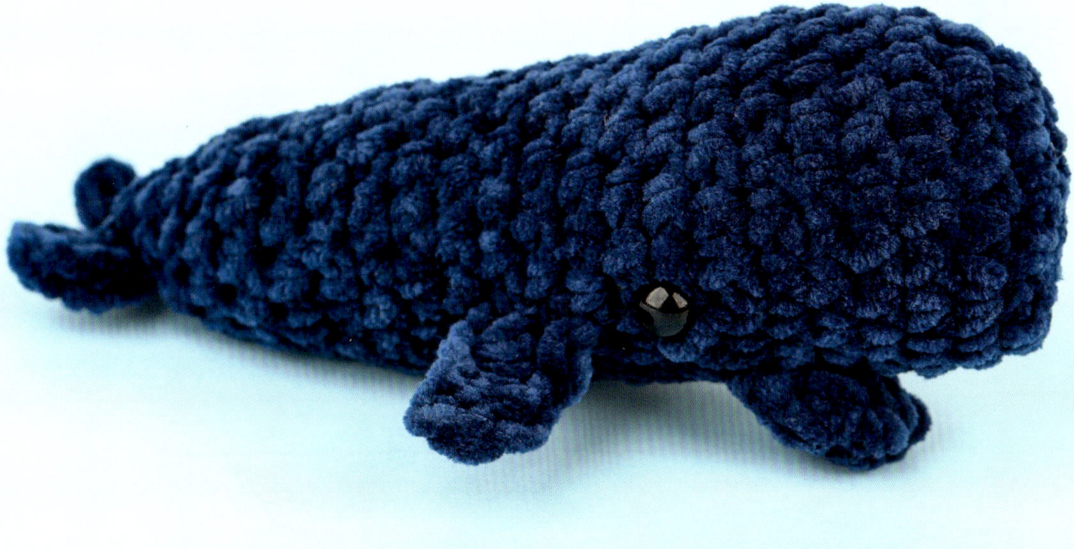

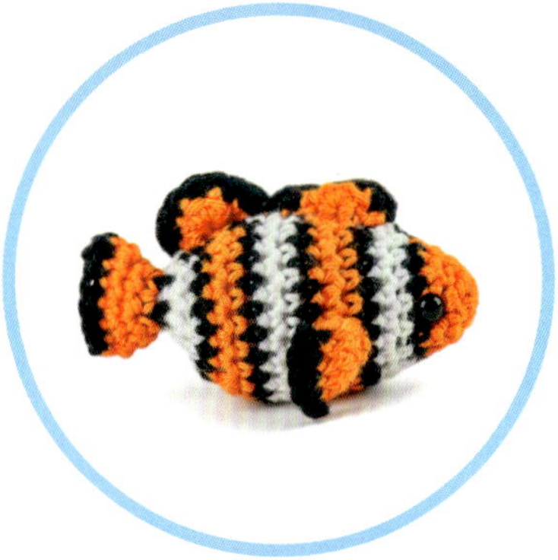

CLOWNFISCH

KÖRPER
Für ein sauberes Streifenmuster den unsichtbaren Farbwechsel verwenden.
1. Rd: mit orangem Garn 6 fM in einen Fadenring häkeln. [6].
2. Rd: * 1 M zun, 2 fM; ab * noch 1 x wdh. [8]
3. Rd: * 1 M zun, 1 fM; ab * noch 3 x wdh. [12]
4. Rd: * 1 M zun, 5 fM; ab * noch 1 x wdh. [14]
5. Rd: mit schwarzem Garn weiterarbeiten, 14 fM häkeln. [14].
6. Rd: mit weißem Garn weiterarbeiten, * 1 M zun, 6 fM; ab * noch 1 x wdh. [16].
7. Rd: * 1 M zun, 7 fM; ab * noch 1 x wdh. [18]
8. Rd: mit schwarzem Garn weiterarbeiten, * 1 M zun, 5 fM; ab * noch 2 x wdh. [21].
9.–10. Rd: mit orangem Garn weiterarbeiten, 21 fM häkeln. [21].
11. Rd: mit schwarzem Garn weiterarbeiten, 21 fM häkeln. [21].
12.–13. Rd: mit weißem Garn weiterarbeiten, 21 fM häkeln. [21].
14. Rd: mit schwarzem Garn weiterarbeiten, 21 fM häkeln. [21].
15. Rd: mit orangem Garn weiterarbeiten, 21 fM häkeln. [21].
Die Sicherheitsaugen zwischen der 4. und 5. Rd mit einem Abstand von 6 M einsetzen. Körper nach und nach mit Füllwatte ausstopfen.
16. Rd: * 1 M abn, 5 fM; ab * noch 2 x wdh. [18]
17. Rd: mit schwarzem Garn weiterarbeiten, * 1 M abn, 7 fM; ab * noch 1 x wdh. [16].
18. Rd: mit weißem Garn weiterarbeiten, * 1 M abn, 2 fM; ab * noch 3 x wdh. [12].
19. Rd: 6 x 1 M abn. [6]
20. Rd: mit schwarzem Garn weiterarbeiten, * 1 M abn, 1 fM; ab * noch 1 x wdh. [4].
21. Rd: mit orangem Garn weiterarbeiten, 4 x 1 M zun. [8].
22. Rd: * 1 M zun, 3 fM; ab * noch 1 x wdh. [10]
23. Rd: * 1 M zun, 4 fM; ab * noch 1 x wdh. [12]
Den Schwanz flach drücken und mit schwarzem Garn durch beide Lagen häkeln. Darauf achten, dass der Schwanz vertikal zusammengehäkelt wird. Den Schwanz nicht ausstopfen. Zuletzt in der Reihe weiterhäkeln.
1. R: 6 fM häkeln. [6]
Abketten und Garnende vernähen.

SEITENFLOSSE (2 x)
1. R: mit Orange 3 Lm und 5 Stb in einen Fadenring häkeln, 1 Lm, wenden.
2. R: in der letzten M mit schwarzem Garn anschlingen, 1 Lm, wenden. 5 fM häkeln. [5]
Abketten und schwarzes Garnende vernähen. Mit den orangen Garnenden jeweils eine Flosse zwischen der 8. und 9. Rd seitlich am Körper befestigen.

RÜCKENFLOSSE
Die Rückenflosse besteht aus zwei kleinen orangefarbenen Teilen, die mit schwarzem Garn zusammengehäkelt werden.
1. R: mit Orange 2 Lm und 5 hStb in einen Fadenring häkeln. [5]
Abketten und ein zweites Mal wiederholen. An einem orangefarbenen Teil mit schwarzem Garn in der 1. M neu anschlingen.
2. R: mit schwarzem Garn * 2 fM in die 1. M, 1 fM, 1 M zun, 1 fM, 2 fM in die letzte M.
Ab * entlang des zweiten orangefarbenen Teils wiederholen. [16]
Abketten und schwarzes Garnende sowie alle orangefarbenen Garnenden bis auf eines vernähen. Mit dem letzten Garnende die Flosse oben am Rücken des Fisches festnähen.

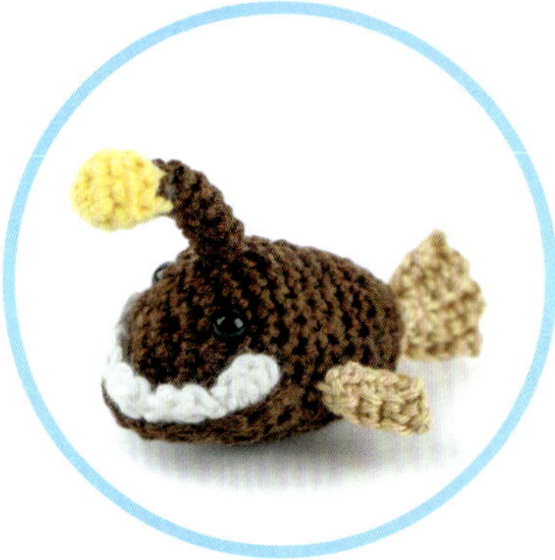

ANGLER-FISCH

KÖRPER

1. Rd: mit dunkelbraunem Garn 6 fM in einen Fadenring häkeln. [6].
2. Rd: 6 x 1 M zun. [12]
3. Rd: * 1 M zun, 1 fM; ab * noch 5 x wdh. [18]
4. Rd: * 1 M zun, 2 fM; ab * noch 5 x wdh. [24]
5.–8. Rd: 24 fM häkeln. [24]
9. Rd: * 1 M abn, 6 fM; ab * noch 2 x wdh. [21]
10.–11. Rd: 21 fM häkeln. [21]
Die Sicherheitsaugen zwischen der 4. und 5. Rd mit einem Abstand von 6 M einsetzen.
12. Rd: * 1 M abn, 5 fM; ab * noch 2 x wdh. [18]
13. Rd: 18 fM häkeln. [18]
Den Körper ab nun fortlaufend mit Füllwatte ausstopfen.
14. Rd: * 1 M abn, 4 fM; ab * noch 2 x wdh. [15]
15. Rd: * 1 M abn, 3 fM; ab * noch 2 x wdh. [12]
16. Rd: * 1 M abn; ab * noch 5 x wdh. [6]
Abketten und Garnende vernähen.

ANGEL

1. Rd: mit gelbem Garn 5 fM in einen Fadenring häkeln. [5].
2. Rd: 5 x 1 M zun. [10]
3. Rd: 10 fM häkeln. [10]
4. Rd: mit dunkelbraunem Garn 5 x 1 M abn. [5]
5.–10. Rd: 5 fM häkeln. [5]
Wenn du möchtest, kannst du ein Stück Pfeifenputzer in die Angel einarbeiten. Die Angel zwischen der 5. und 6. Rd oben am Kopf festnähen.

SCHWANZ

Mit beigem Garn 5 Lm anschlagen und in die 2. Lm ab der Nadel einstechen.
1. R: 4 fM häkeln, 1 Lm, wenden. [4]
2.–5. R: 4 fM ihM häkeln, 1 Lm, wenden. [4]
6. R: 4 fM ihM häkeln. [4]
Abketten und einen Faden zum Nähen lassen. Diesen durch das lange Schwanzende fädeln und festziehen, damit eine Fächerform entsteht. Dann vertikal hinten am Körper festnähen.

FLOSSE (2 x)

Mit beigem Garn 5 Lm anschlagen und in die 2. Lm ab der Nadel einstechen.
1. R: 4 fM häkeln, 1 Lm, wenden. [4]
2. R: 4 fM ihM häkeln. [4]
Abketten und einen Faden zum Nähen lassen. Die Flossen auf beiden Seiten des Körpers an der 9. Rd festnähen.

ZÄHNE

Mit dunkelbraunem Garn 12 Lm anschlagen und in die 2. Lm ab der Nadel einstechen.
1. R: 11 fM häkeln, 1 Lm, wenden. [11]
2. R: 11 fM ihM häkeln. [11]
Abketten und einen Faden zum Nähen lassen.
Mit Weiß in der 1. M der 1. R neu anschlingen.
3. R: diese R ivM arbeiten. * 1 Km, 2 Lm, 1 Stb, 2 Lm; ab * noch 4 x wdh, 1 Km. [11]
Abketten und weißes Garnende vernähen. Den Unterkiefer vorne am Kopf des Fisches unterhalb der Augen festnähen.

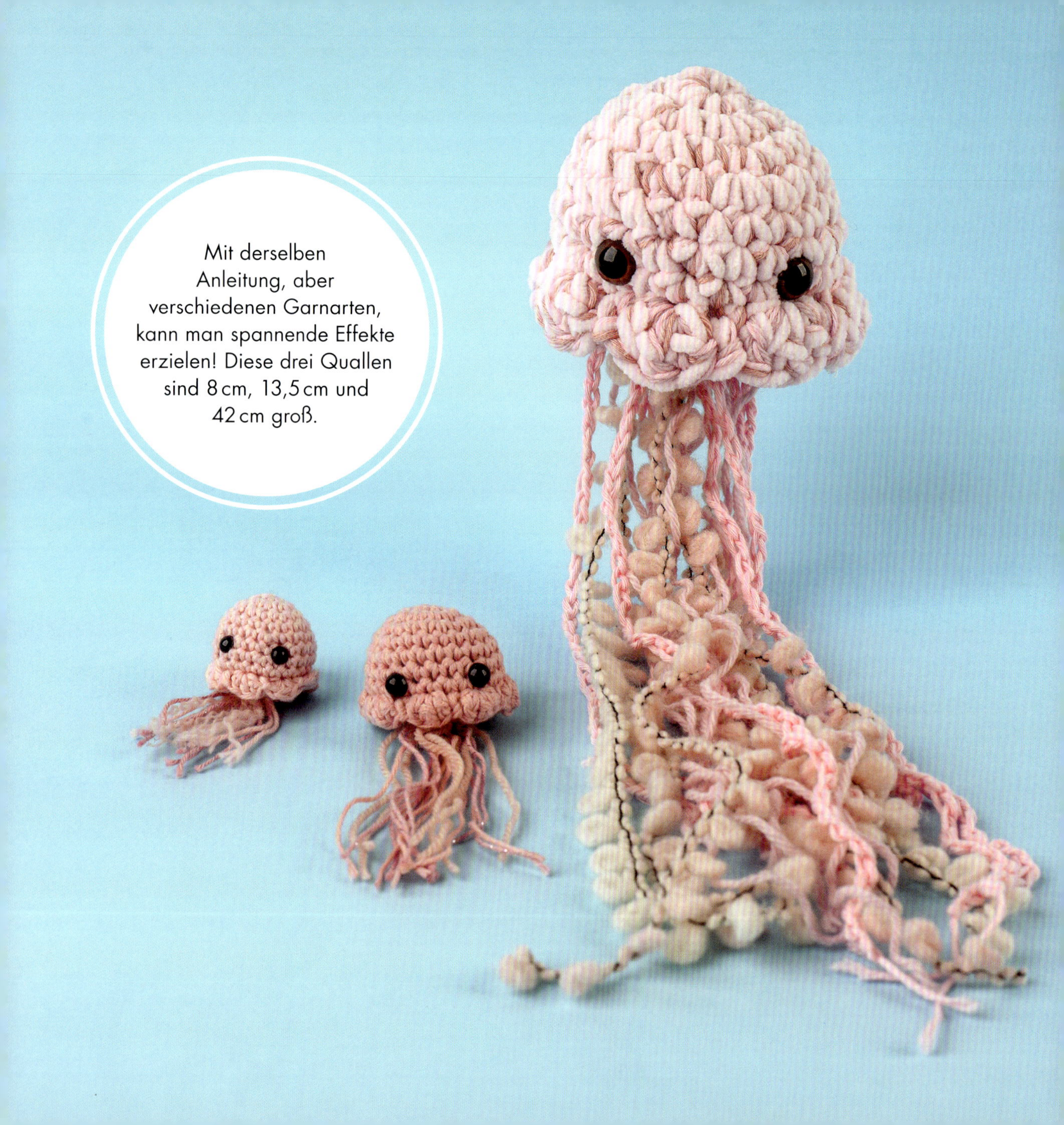

Mit derselben Anleitung, aber verschiedenen Garnarten, kann man spannende Effekte erzielen! Diese drei Quallen sind 8 cm, 13,5 cm und 42 cm groß.

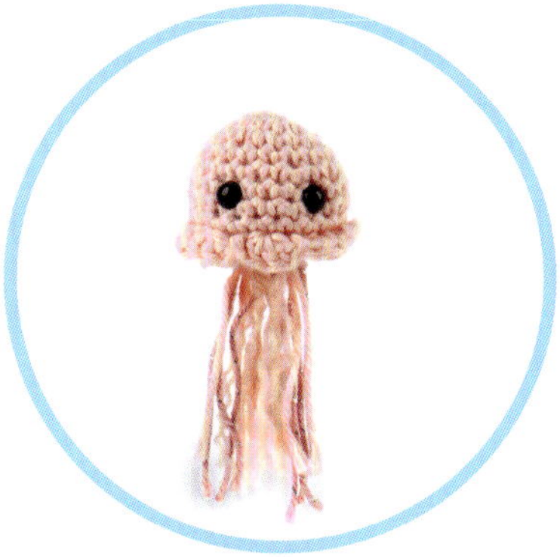

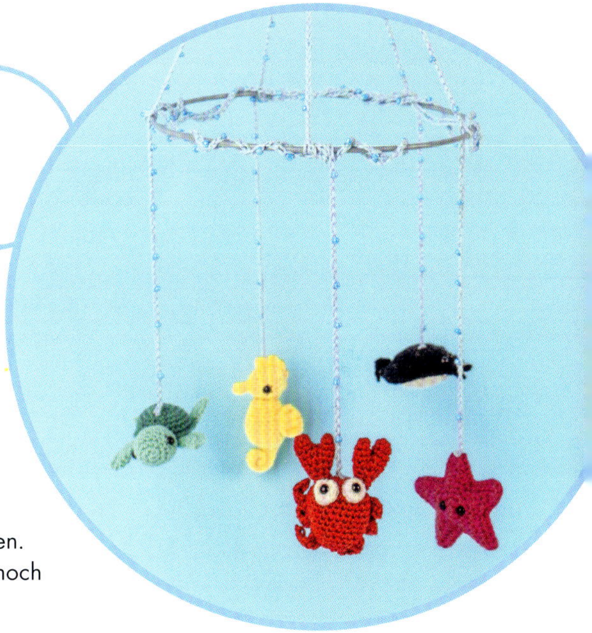

QUALLE

KOPF

1. Rd: mit hellrosa Garn 6 fM in einen Fadenring häkeln. [6].
2. Rd: 6 x 1 M zun. [12]
3. Rd: * 1 M zun, 1 fM; ab * noch 5 x wdh. [18]
4. Rd: * 1 M zun, 5 fM; ab * noch 2 x wdh. [21]
5. Rd: 21 fM häkeln. [21]
6. Rd: * 1 M zun, 6 fM; ab * noch 2 x wdh. [24]
7. Rd: 24 fM häkeln. [24]
Die Sicherheitsaugen zwischen der 6. und 7. Rd mit einem Abstand von 4 M einsetzen.
8. Rd: diese Rd ivM arbeiten. * 1 Km, 1 M überspringen, 3 Stb in die nächste M; ab * noch 7 x wdh. [32]
9. Rd: diese Rd ihM der 7. Rd arbeiten. * 2 M abn, 2 fM; ab * noch 5 x wdh. [18]
Den Kopf mit Füllwatte ausstopfen.
10. Rd: * 1 M abn, 1 fM; ab * noch 5 x wdh. [12]
11. Rd: 6 x 1 M abn.
Abketten und Garnende vernähen.
Für die Tentakel mehrere 8 cm lange und farblich zusammenpassende Garnfäden abschneiden und an der Unterseite der Qualle festbinden.

Du kannst die Qualle auch eine Nummer größer häkeln. In der Abbildung auf der gegenüberliegenden Seite wurde der Kopf mit vier verschiedenen Garnarten und einer Häkelnadel der Stärke 9,0 mm gehäkelt. Der Durchmesser der Sicherheitsaugen beträgt 16 mm und für die Tentakel wurde eine Lm-Kette aus Noppengarn gehäkelt. Für die mittelgroße Qualle nach Anleitung arbeiten, das Garn doppelt nehmen und mit einer Häkelnadel der Stärke 4,0 mm häkeln.

WALHAI

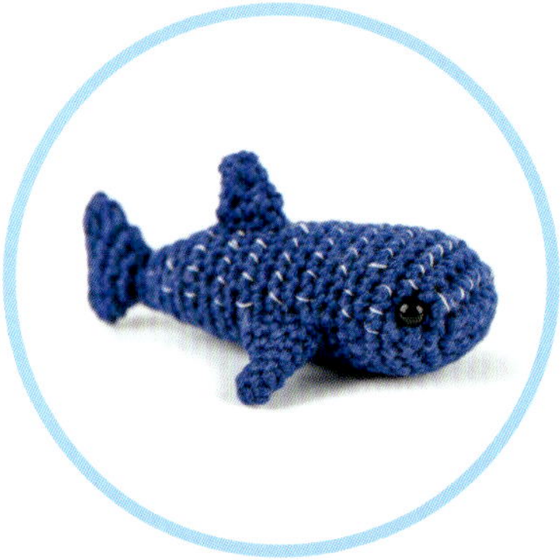

KÖRPER

Mit dunkelblauem Garn 6 Lm anschlagen und in die 2. Lm ab der Nadel einstechen. In der 1. Rd rund um die Lm-Kette häkeln.
1. Rd: 4 fM, 3 fM in die nächste M, 3 fM auf der anderen Seite der Lm-Kette, 1 M zun. [12]
2. Rd: 1 M zun, 4 fM, 2 x 1 M zun, 4 fM, 1 M zun. [16]
3. Rd: 2 x 1 M zun, 6 fM, 2 x 1 M zun, 6 fM. [20]
4. Rd: 2 fM, 2 x 1 M zun, 8 fM, 2 x 1 M zun, 6 fM. [24]
Die Zunahmen kennzeichnen die Seiten des Walhais.
5.–6. Rd: 24 fM häkeln. [24]
7. Rd: 4 fM, 1 M abn, 10 fM, 1 M abn, 6 fM. [22]
8. Rd: 22 fM häkeln. [22]
9. Rd: 4 fM, 1 M abn, 9 fM, 1 M abn, 5 fM. [20]
10.–11. Rd: 20 fM häkeln. [20]
12. Rd: 5 fM, 1 M abn, 8 fM, 1 M abn, 3 fM. [18]
13.–14. Rd: 18 fM häkeln. [18]
Die Augen auf der Kopfoberseite zwischen der 3. und 4. Rd mit einem Abstand von 7 M festnähen.
15. Rd: 5 fM, 1 M abn, 7 fM, 1 M abn, 2 fM. [16]
16.–17. Rd: 16 fM häkeln. [16]
18. Rd: * 1 M abn, 6 fM; ab * noch 1 x wdh. [14]
19. Rd: 14 fM häkeln. [14]
20. Rd: * 1 M abn, 5 fM; ab * noch 1 x wdh. [12]
Den Körper mit Füllwatte ausstopfen.
21. Rd: * 1 M abn, 4 fM; ab * noch 1 x wdh. [10]
22. Rd: * 1 M abn, 3 fM; ab * noch 1 x wdh. [8]
23. Rd: * 1 M abn, 2 fM; ab * noch 1 x wdh. [6]
Abketten und Garnende vernähen.

SCHWANZ

1. Rd: mit dunkelblauem Garn 4 fM in einen Fadenring häkeln. [4].
2. Rd: 4 x 1 M zun. [8]
3. Rd: * 1 M zun, 1 fM; ab * noch 3 x wdh. [12]
1 Km in die nächste M häkeln. Den Schwanz flach drücken und eine R durch beide Lagen arbeiten.
1. R: 1 Lm, 3 fM, 1 hStb, 2 Stb. [7]
Abketten und Garnende vernähen.
Den Schwanz nicht ausstopfen.
Den Schwanz vertikal am hinteren Ende des Körpers befestigen.

RÜCKEN- UND SEITENFLOSSEN (3 x)

Die Rücken- und Seitenflossen wie die Seitenflossen des Hais häkeln (Seite 31). Die Seitenflossen auf beiden Seiten des Körpers zwischen der 10. und 14. Rd anbringen.
Die Rückenflosse oben auf dem Rücken zwischen der 10. und 14. Rd festnähen. Mit weißem Garn auf dem Rücken des Walhais weiße Punkte aufsticken.

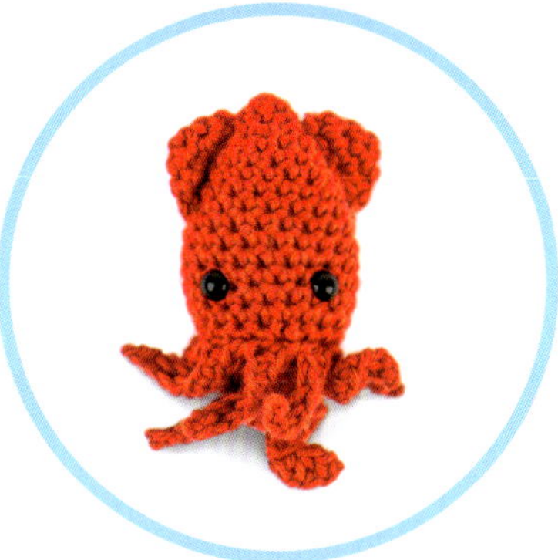

Die kleinen Meeresbewohner können auch noch kleiner gehäkelt werden. Diese niedlichen Tintenfisch-Ohrringe wurden mit einer Häkelnadel der Stärke 1,0 mm und feinem Baumwollgarn gehäkelt. Sie sind nur 4,5 cm groß.

TINTENFISCH

KOPF

1. Rd: mit rotem Garn 4 fM in einen Fadenring häkeln. [4].
2. Rd: * 1 M zun, 1 fM; ab * noch 1 x wdh. [6]
3. Rd: * 1 M zun, 1 fM; ab * noch 2 x wdh. [9]
4. Rd: * 1 M zun, 2 fM; ab * noch 2 x wdh. [12]
5. Rd: * 1 M zun, 3 fM; ab * noch 2 x wdh. [15]
6. Rd: 15 fM häkeln. [15]
7. Rd: * 1 M zun, 4 fM; ab * noch 2 x wdh. [18]
8.–9. Rd: 18 fM häkeln. [18]
10. Rd: * 1 M zun, 8 fM; ab * noch 1 x wdh. [20]
11.–15. Rd: 20 fM häkeln. [20]
16. Rd: * 1 M abn, 3 fM; ab * noch 3 x wdh. [16]
In der nächsten Runde häkeln wir die Arme.
17. Rd: 1 Km ivM, * 8 Lm, in die 2. Lm ab der Nadel einstechen, 7 fM, 1 M der 16. Rd überspringen, 1 Km ivM; ab * noch 7 x wdh.
Den Körper mit Füllwatte ausstopfen.
Die 18. Rd in die hinteren Maschenglieder der 16. Rd häkeln.
18. Rd: 1 fM, 2 x 1 M abn, * 10 Lm, in die 2. Lm ab der Nadel einstechen, 1 fM, 1 hStb, 1 Stb, 1 Km, 5 fM, am Körper weiterarbeiten 1 M abn, 1 fM; ab * noch 1 x wdh. Die Augen vor dem Beenden der Rd einsetzen.
Die Sicherheitsaugen zwischen der 12. und 13. Rd mit einem Abstand von 4 M einsetzen. Die soeben gehäkelten Arme befinden sich zwischen den Augen.
Die 18. Rd fortsetzen: 1 M abn, 1 fM, 1 M abn (10 M verbleiben in dieser Rd).
19. Rd: Bis zum Ende der Rd immer 1 M abn.
Die Abnahmen hinter den Armen häkeln. Abketten und Garnende vernähen.

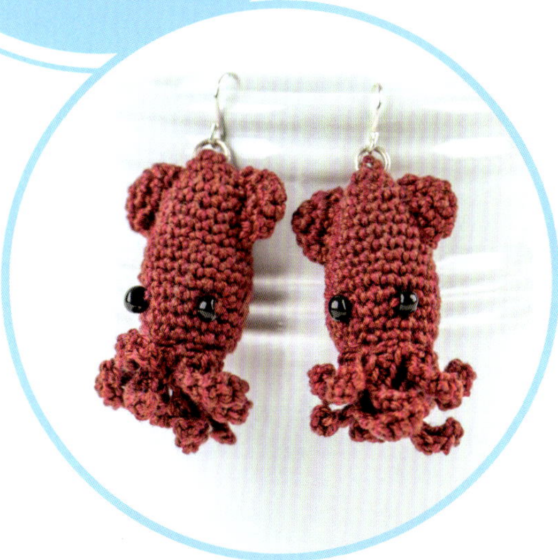

FLOSSE (2 x)

1. Rd: mit rotem Garn 4 fM in einen Fadenring häkeln. [4].
2. Rd: 4 x 1 M zun. [8]
3. Rd: * 1 M zun, 1 fM; ab * noch 3 x wdh. [12]
Abketten und einen Faden zum Nähen lassen. Die Flossen auf beiden Seiten des Körpers zwischen der 3. und 9. Rd festnähen.

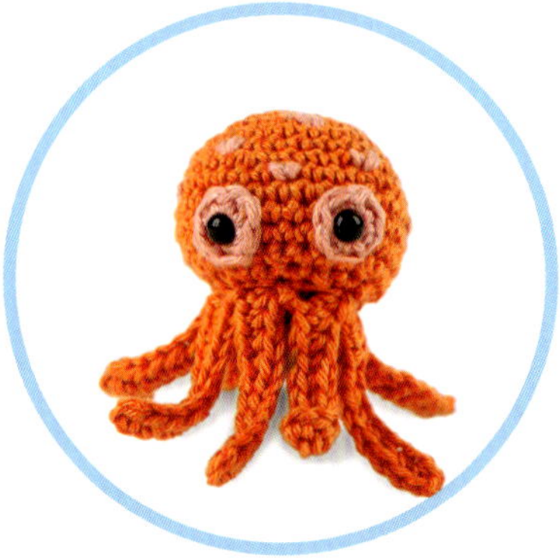

OKTOPUS

AUGENFLECKEN (2 x)

1. Rd: mit korallfarbenem Garn 7 fM in einen Fadenring häkeln. [7] Bevor du den Fadenring zusammenziehst, ein Auge in der Mitte des Augenflecks einsetzen. Ein Garnende zum Befestigen der Augen und zum Aufnähen der Flecken lassen.

KÖRPER

1. Rd: mit korallfarbenem Garn 6 fM in einen Fadenring häkeln. [6].
2. Rd: 6 x 1 M zun. [12]
3. Rd: * 1 M zun, 1 fM; ab * noch 5 x wdh. [18]
4. Rd: * 1 M zun, 2 fM; ab * noch 5 x wdh. [24]
5.–6. Rd: 24 fM häkeln. [24]
7. Rd: * 1 M zun, 3 fM; ab * noch 5 x wdh. [30]
8.–11. Rd: 30 fM häkeln. [30]
12. Rd: * 1 M abn, 3 fM; ab * noch 5 x wdh. [24]
Die Augen zwischen der 10. und 11. Rd mit einem Abstand von 4 M einsetzen.
13. Rd: * 1 M abn, 1 fM; ab * noch 7 x wdh. [16]
14. Rd: 1 Km ivM, * 11 Lm, in die 2. Lm ab der Nadel einstechen, 10 hStb, 1 M der 13. Rd überspringen, 1 Km ivM; ab * noch 7 x wdh.
Den Körper mit Füllwatte ausstopfen. Die 15. Rd in die hinteren Maschenglieder der 13. Rd häkeln.
15. Rd: 8 x 1 M abn. [8]
Abketten und die Öffnung an der Unterseite zunähen. Die Augenflecken rundherum festnähen und mit dem restlichen Garnende Flecken auf den Körper nähen.

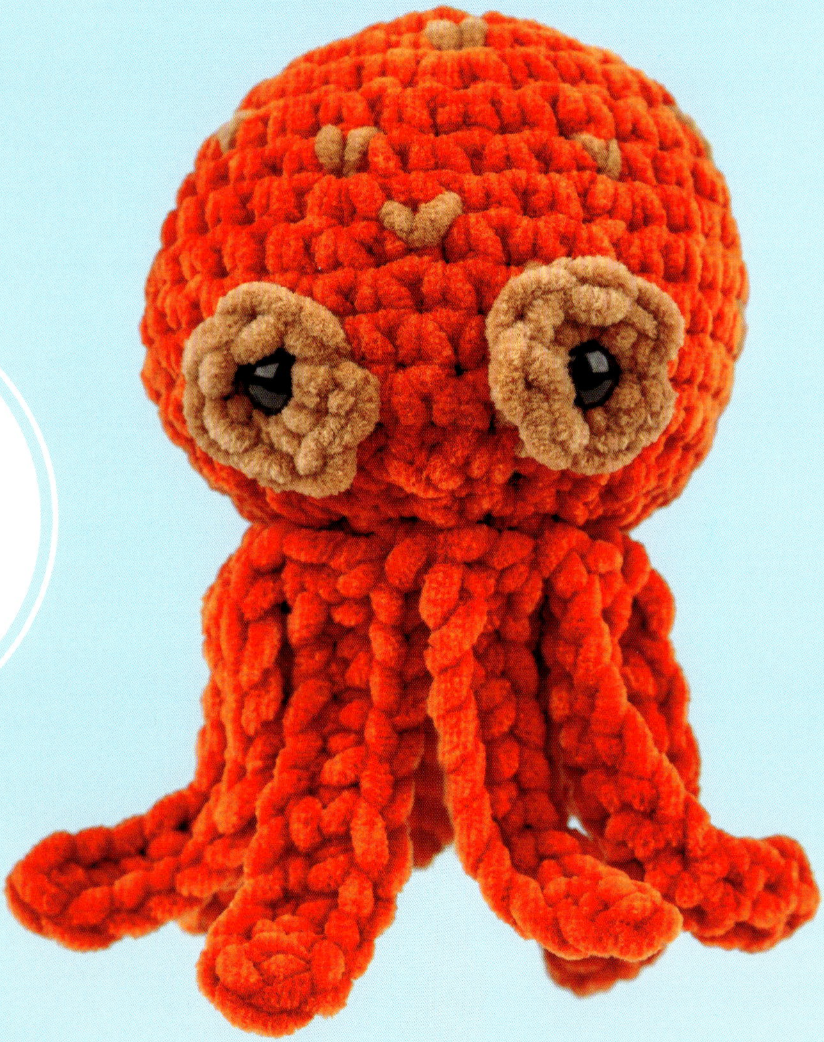

Je größer die Häkelnadel, desto größer die Amigurumis. Dieser Oktopus (16 cm) wurde mit einer Häkelnadel Stärke 5,5 mm und Chenillegarn gehäkelt.

DOKTOR-FISCH

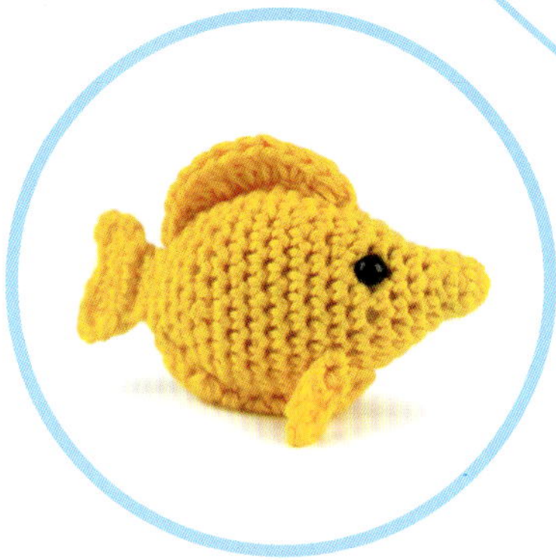

KÖRPER

1. Rd: mit gelbem Garn 6 fM in einen Fadenring häkeln. [6].
2.–3. Rd: 6 fM häkeln. [6]
4. Rd: 2x 1 M zun, 4 fM. [8]
5. Rd: 1 fM, 2x 1 M zun, 5 fM. [10]
6. Rd: 2 fM, 1 M zun, 1 fM, 1 M zun, 5 fM. [12]
Die Kopfoberseite befindet sich dort, wo bisher die Zunahmen gehäkelt wurden.
Oben am Kopf in der Mitte einen Maschenmarkierer anbringen. Diese Markierung gibt an, wo du die Zu- und Abnahmen häkeln musst.
7. Rd: 3 fM (oder so viele M, wie nötig sind, um bis 1 M vor den oberen Maschenmarkierer zu gelangen), 2x 1 M zun, 4 fM, 2x 1 M zun, 1 fM (oder die in der Rd verbleibende Maschenanzahl). [16]
8. Rd: 4 fM (oder so viele M, wie nötig sind, um bis 1 M vor den oberen Maschenmarkierer zu gelangen), 2x 1 M zun, 6 fM, 2x 1 M zun, 2 fM (oder die in der Rd verbleibende Maschenanzahl). [20]
9. Rd: 20 fM häkeln. [20]
10. Rd: 5 fM (oder so viele M, wie nötig sind, um bis 1 M vor den oberen Maschenmarkierer zu gelangen), *1 M zun, 1 fM; ab*noch 1x wdh, 6 fM, *1 M zun, 1 fM; ab*noch 1x wdh, fM bis zum Ende der Rd häkeln. [24]
11.–13. Rd: 24 fM häkeln. [24]
Die Sicherheitsaugen oben am Kopf zwischen der 8. und 9. Rd mit einem Abstand von 4 M einsetzen.
14. Rd: 8 fM, 1 M abn, 10 fM, 1 M abn, 2 fM. [22]
15. Rd: 10 fM, 1 M abn, 10 fM. [21]
16. Rd: 19 fM, 1 M abn. [20]
17. Rd: *3 fM, 1 M abn; ab * noch 3x wdh. [16]
18. Rd: *6 fM, 1 M abn; ab * noch 1x wdh. [14]
19. Rd: *5 fM, 1 M abn; ab * noch 1x wdh. [12]
Den Körper mit Füllwatte ausstopfen.
20. Rd: *4 fM, 1 M abn; ab * noch 1x wdh. [10]
21. Rd: *3 fM, 1 M abn; ab * noch 1x wdh. [8]
fM bis zum oberen Maschenmarkierer häkeln und mit 1 Km in der markierten Masche enden. So bleibt der Schwanz vertikal ausgerichtet.
Das hintere Ende flach drücken und in R arbeiten.
Die 1. R des Schwanzes durch beide Seiten häkeln.

SCHWANZ

1. R: 4 fM häkeln, 1 Lm, wenden. [4]
2. R: 1 M zun, 2 fM, 1 M zun, wenden. [6]
3. R: 3 Lm, 1 Stb in die M an der Basis der 3-Lm-Kette, 1 hStb, 2 fM, 1 hStb, 2 Stb in die letzte M. [8]
Abketten und Garnende vernähen.

RÜCKEN-/BAUCHFLOSSE (2x)

Mit gelbem Garn 10 Lm anschlagen und in die 2. Lm ab der Nadel einstechen.
1. R: 1 fM, 1 hStb, 2 hStb in die nächste M, 1 Stb, 2 Stb in die nächste M, 1 Stb, 2 Stb in die nächste M, 1 hStb, 1 fM. [12]
Abketten und einen Faden zum Nähen lassen. Das Flossenende, an dem 2 hStb in eine M gearbeitet wurden, sitzt vorne. Eine Flosse auf dem Rücken und eine am Bauch festnähen.

SEITENFLOSSE (2x)

Mit gelbem Garn 5 Lm anschlagen und in die 2. Lm ab der Nadel einstechen.
1. Rd: 1 fM, 1 hStb, 1 Stb, 1 hStb. [4]
Mit einer Lm enden und die Flossen in der 10. Rd seitlich am Körper festnähen.

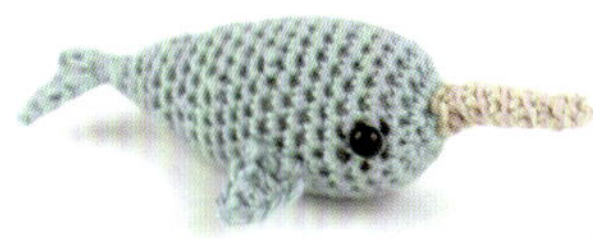

NARWAL

KÖRPER
1. Rd: mit hellblauem Garn 6 fM in einen Fadenring häkeln. [6].
2. Rd: 6 x 1 M zun. [12]
3. Rd: * 1 M zun, 1 fM; ab * noch 5 x wdh. [18]
4. Rd: 18 fM häkeln. [18]
5. Rd: * 1 M zun, 5 fM; ab * noch 2 x wdh. [21]
6. Rd: 21 fM häkeln. [21]
7. Rd: * 1 M zun, 6 fM; ab * noch 2 x wdh. [24]
8.–10. Rd: 24 fM häkeln. [24]
11. Rd: * 1 M abn, 6 fM; ab * noch 2 x wdh. [21]
12.–13. Rd: 21 fM häkeln. [21]
Die Sicherheitsaugen zwischen der 5. und 6. Rd mit einem Abstand von 10 M einsetzen.
14. Rd: * 1 M abn, 5 fM; ab * noch 2 x wdh. [18]
15. Rd: 18 fM häkeln. [18]
Den Körper nach und nach mit Füllwatte ausstopfen.
16. Rd: * 1 M abn, 4 fM; ab * noch 2 x wdh. [15]
17. Rd: 15 fM häkeln. [15]
18. Rd: * 1 M abn, 3 fM; ab * noch 2 x wdh. [12]
19. Rd: 12 fM häkeln. [12]
20. Rd: * 1 M abn, 2 fM; ab * noch 2 x wdh. [9]
21. Rd: * 1 M abn, 1 fM; ab * noch 2 x wdh. [6]
Abnahmen häkeln, bis das Garn sich seitlich am Körper befindet. So zeigt der Schwanz nachher in die richtige Richtung. Jetzt den Schwanz arbeiten.

SCHWANZ
1. R: 6 Lm anschlagen und in die 2. Lm ab der Nadel einstechen, 1 Km, 1 fM, 1 hStb, 1 Stb, 1 fM, 1 Km bis hinunter zur letzten Runde am Körper.
Die zweite Schwanzflosse genau wie die erste häkeln und abketten.

FLOSSE (2 x)
Mit hellblauem Garn 5 Lm anschlagen und in die 2. Lm ab der Nadel einstechen.
1. Rd: 1 fM, 1 hStb, 2 Stb. [4]
Mit einer Lm enden und die Flossen zwischen der 9. und 11. Rd seitlich am Körper festnähen.

STOSSZAHN
Den gesamten Stoßzahn ihM häkeln.
1. Rd: mit beigem Garn 3 fM in einen Fadenring häkeln. [3].
2. Rd: 1 M zun, 2 fM. [4]
3. Rd: 1 M zun, 3 fM. [5]
4.–5. Rd: 5 fM häkeln. [5]
6. Rd: 1 M zun, 4 fM. [6]
7. Rd: 6 fM häkeln. [6]
Abketten und einen Faden zum Nähen lassen. Wenn du möchtest, kannst du den Stoßzahn leicht mit Füllwatte ausstopfen. Den Stoßzahn in der 2. Rd am Körper festnähen.

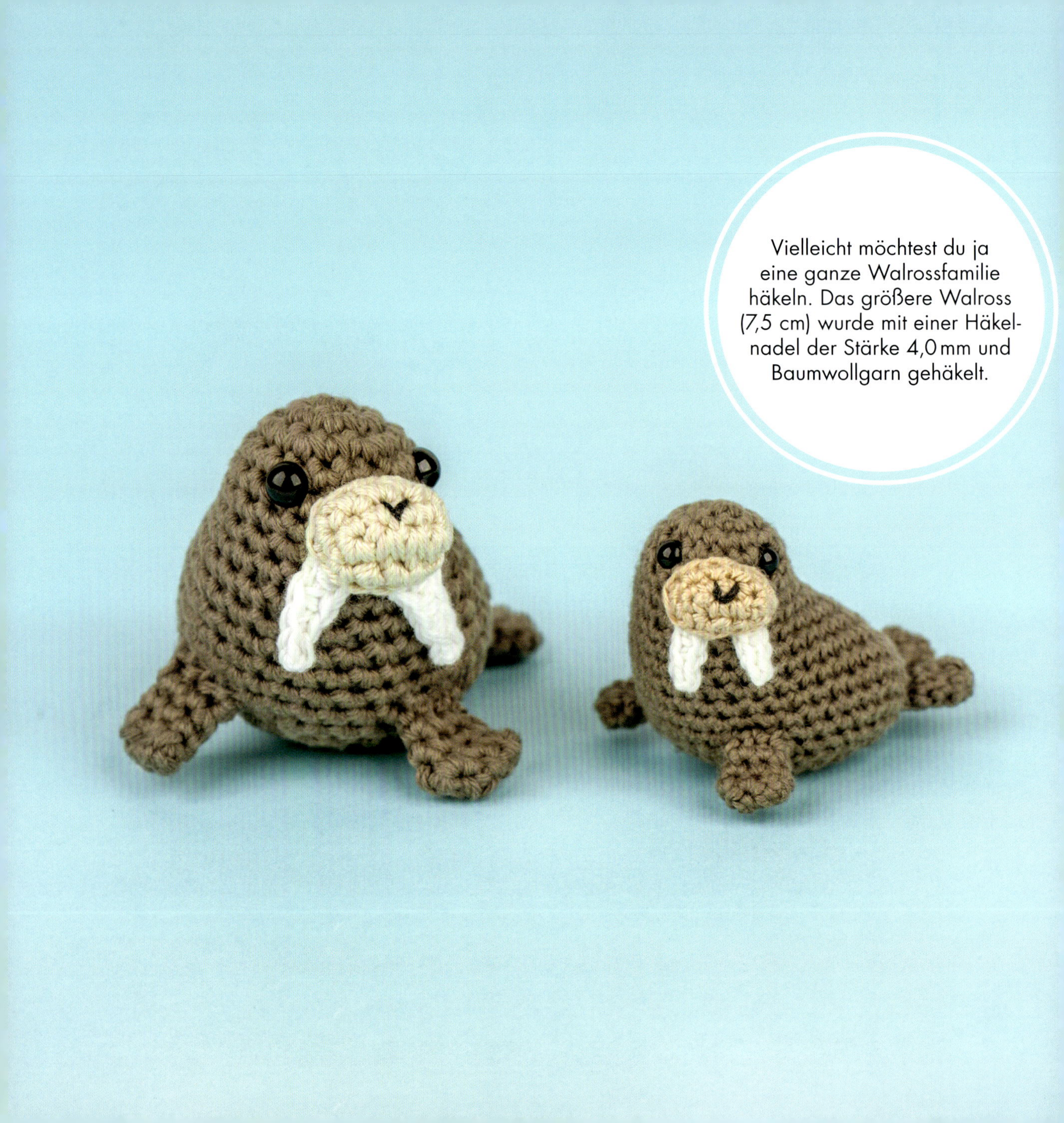

Vielleicht möchtest du ja eine ganze Walrossfamilie häkeln. Das größere Walross (7,5 cm) wurde mit einer Häkelnadel der Stärke 4,0 mm und Baumwollgarn gehäkelt.

WALROSS

KOPF/KÖRPER
Kopf und Körper von oben nach unten in einem Stück arbeiten.
1. Rd: mit braunem Garn 6 fM in einen Fadenring häkeln. [6].
2. Rd: 6 x 1 M zun. [12]
3. Rd: * 1 M zun, 1 fM; ab * noch 5 x wdh. [18]
4.–5. Rd: 18 fM häkeln. [18]
6. Rd: 1 M zun, 16 fM, 1 M zun. [20]
7. Rd: 2 x 1 M zun, 16 fM, 2 x 1 M zun. [24]
8. Rd: 1 M zun, 22 fM, 1 M zun. [26]
9. Rd: 1 M zun, 24 fM, 1 M zun. [28]
10. Rd: 1 M zun, 26 fM, 1 M zun. [30]
11. Rd: 3 x 1 M zun, 26 fM, 1 M zun. [34]
12. Rd: 2 x 1 M zun, 32 fM. [36]
Zwischen den beiden Zunahmen einen Maschenmarkierer anbringen. Er kennzeichnet das hintere Ende. Einen zweiten Maschenmarkierer 18 M nach der ersten der beiden Zunahmen anbringen, um das vordere Ende zu markieren.
Die Sicherheitsaugen zwischen der 4. und 5. Rd mit einem Abstand von 5 M einsetzen. In unserem Beispiel ist ein Auge versetzt vom ersten Maschenmarkierer angebracht worden, damit das Walross zur Seite schaut.
13.–14. Rd: 36 fM häkeln. [36]
15. Rd: * 1 M abn, 4 fM; ab * noch 5 x wdh. [30]
16. Rd: * 1 M abn, 3 fM; ab * noch 5 x wdh. [24]
17. Rd: * 1 M abn, 2 fM; ab * noch 5 x wdh. [18]
Kopf und Körper mit Füllwatte ausstopfen.
18. Rd: * 1 M abn, 1 fM; ab * noch 5 x wdh. [12]
19. Rd: * 1 M abn; ab * noch 5 x wdh. [6]
Abketten und Garnende vernähen.

FLOSSE (4 x)
Mit braunem Garn 4 Lm anschlagen und in die 2. Lm ab der Nadel einstechen.
1. Rd: 2 fM, 1 M zun, 2 fM auf der anderen Seite der Lm-Kette. [6]
2.–4. Rd: 6 fM häkeln. [6]
Abketten und einen Faden zum Nähen lassen. Je eine Flosse seitlich am Körper festnähen. Die beiden anderen in der 15. Rd an der Markierung für den Schwanz befestigen.

SCHNAUZE
In der 1. Rd rund um die Lm-Kette häkeln.
Mit beigem Garn 5 Lm anschlagen und in die 2. Lm ab der Nadel einstechen.
1. Rd: 2 fM in die erste M, 2 fM, 3 fM in die nächste M, 3 fM auf der anderen Seite der Lm-Kette. [10]

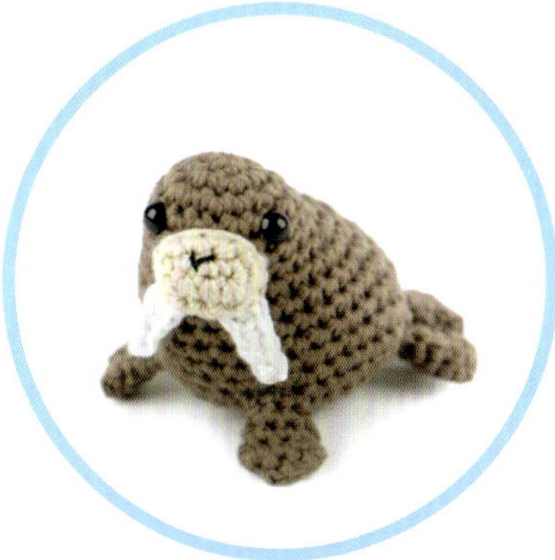

2. Rd: 1 M zun, 4 fM, 1 M zun, 4 fM. [12]
Abketten und einen Faden zum Nähen lassen. Mit schwarzem Nähgarn eine Nase auf die Schnauze aufsticken.

STOSSZAHN (2 x)
Mit weißem Garn 5 Lm anschlagen und in die 2. Lm ab der Nadel einstechen.
1. R: 1 Km, 3 fM. [4]
Abketten und die oberen Stoßzahnenden in der 7. Rd des Kopfes zwischen den Augen, mit einem Abstand von 1 M, festnähen. Die Schnauze ausstopfen und zwischen den Augen in der 5.–8. Rd positionieren. Dabei die oberste M der Stoßzähne verdecken. Dann festnähen.

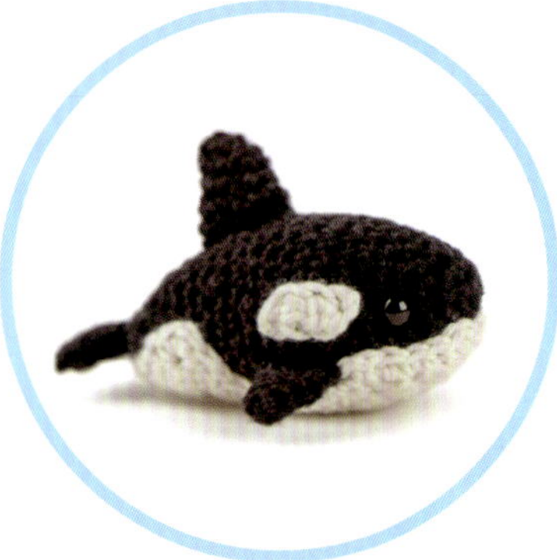

SCHWERT-WAL

KÖRPER

1. Rd: mit schwarzem Garn 6 fM in einen Fadenring häkeln. [6].
2. Rd: 6 x 1 M zun. [12]
3. Rd: 12 fM häkeln. [12]
4. Rd: * 1 M zun, 3 fM; ab * noch 2 x wdh. [15]
5. Rd: * 1 M zun, 4 fM; ab * noch 2 x wdh. [18]
6. Rd: * 1 M zun, 5 fM; ab * noch 2 x wdh. [21]
7. Rd: 21 fM häkeln. [21]
8. Rd: * 1 M zun, 6 fM; ab * noch 2 x wdh. [24]
9.–12. Rd: 24 fM häkeln. [24]
13. Rd: * 1 M abn, 6 fM; ab * noch 2 x wdh. [21]
14. Rd: 21 fM häkeln. [21]
Die Sicherheitsaugen zwischen der 5. und 6. Rd auf beiden Seiten des Körpers befestigen.
15. Rd: * 1 M abn, 5 fM; ab * noch 2 x wdh. [18]
16. Rd: 18 fM häkeln. [18]
Den Körper beim Häkeln nach und nach mit Füllwatte ausstopfen.
17. Rd: * 1 M abn, 4 fM; ab * noch 2 x wdh. [15]
18. Rd: 15 fM häkeln. [15]
19. Rd: * 1 M abn, 3 fM; ab * noch 2 x wdh. [12]
20. Rd: 12 fM häkeln. [12]
21. Rd: * 1 M abn, 2 fM; ab * noch 2 x wdh. [9]
22. Rd: * 1 M abn, 1 fM; ab * noch 2 x wdh. [6]
23. Rd: * 1 M abn, 1 fM; ab * noch 1 x wdh. [4]
24. Rd: 4 x 1 M zun. [8]
25. Rd: * 1 M zun, 1 fM; ab * noch 3 x wdh. [12]
26. Rd: * 1 M zun, 2 fM; ab * noch 3 x wdh. [16]
1 Km in die nächste M häkeln. Den Schwanz horizontal flach drücken und eine R durch beide Lagen arbeiten.

BAUCH

Der Bauch wird in R gehäkelt.
Mit weißem Garn 4 Lm anschlagen und in die 2. Lm ab der Nadel einstechen.
1. R: 2 fM in die 1. M, 1 fM, 1 M zun, 1 Lm, wenden. [5]
2. R: 5 fM häkeln, 1 Lm, wenden. [5]
3. R: 1 M zun, 3 fM, 1 M zun, 1 Lm, wenden. [7]
4.–5. R: 7 fM häkeln, 1 Lm, wenden. [7]
6. R: 1 M abn, 3 fM, 1 M abn, 1 Lm, wenden. [5]
7. R: 5 fM häkeln, 1 Lm, wenden. [5]
8. R: 1 M abn, 1 fM, 1 M abn, 1 Lm, wenden. [3]
9. R: 3 fM häkeln, 1 Lm, wenden. [3]
10. R: 1 M abn, 1 fM, 1 Lm, wenden. [2]
11. R: 5 fM häkeln, 3 Lm, wenden. [5]

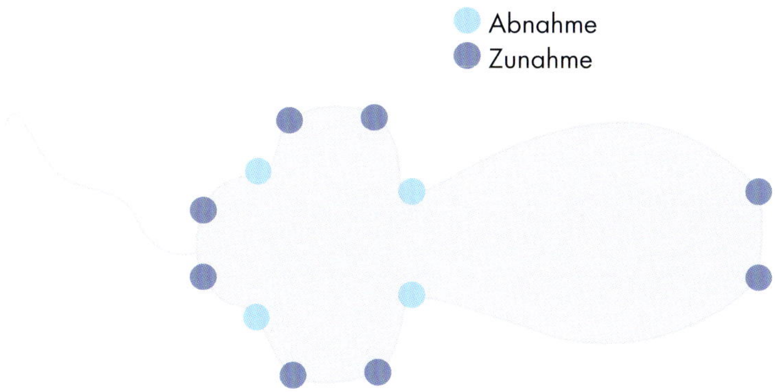

12. R: In die 2. Lm ab der Nadel einstechen. 7 fM, am Ende der Rd 3 Lm häkeln, wenden. [7]
13. R: In die 2. Lm ab der Nadel einstechen. 6 fM, 1 Lm, wenden. [6]
14. R: 1 M zun, 4 fM, 1 M zun, 1 Lm, wenden. [8]
15. R: 6 fM häkeln, 1 Lm, wenden. [6] (die R nicht fertigstellen).
16. R: 4 fM häkeln, 1 Lm, wenden. [4] (die R nicht fertigstellen).
17. R: 2 x 1 M abn, 1 Lm, nicht wenden. [2]
Jetzt rund um das Häkelteil fM häkeln.
An den äußeren Ecken Zunahmen und an den inneren Ecken Abnahmen häkeln (siehe Abb. oben rechts).
Abketten und einen Faden zum Nähen lassen. Den Bauch an der Unterseite des Wals zwischen der 2. und 23. Rd festnähen.
Mit weißem Garn 4 Lm anschlagen und in die 2. Lm ab der Nadel einstechen.

SEITENFLOSSE (2 x)
Die Zunahmen in der 2.–5. Rd an derselben Stelle arbeiten.
1. Rd: mit schwarzem Garn 3 fM in einen Fadenring häkeln. [3].
2. Rd: 1 M zun, 2 fM. [4]
3. Rd: 1 M zun, 3 fM. [5]
4. Rd: 1 M zun, 4 fM. [6]
5. Rd: * 1 M zun, 2 fM; ab * noch 1 x wdh. [8]
Abketten und einen Faden zum Nähen lassen. Die Flossen nicht ausstopfen. Die Seitenflossen auf beiden Seiten des Körpers zwischen der 9. und 12. Rd anbringen, nachdem der Bauch festgenäht wurde.

RÜCKENFLOSSE
Die Zunahmen in der 2.–6. Rd an derselben Stelle arbeiten.
1. Rd: mit schwarzem Garn 4 fM in einen Fadenring häkeln. [4].
2. Rd: 2 x 1 M zun, 2 fM. [6]
3. Rd: 1 M zun, 5 fM. [7]
4. Rd: 1 M zun, 6 fM. [8]
5. Rd: 1 M zun, 7 fM. [9]
6. Rd: 1 M zun, 8 fM. [10]
Abketten und einen Faden zum Nähen lassen. Die Flosse nicht ausstopfen. Zwischen der 11. und 15. Rd am Rücken befestigen.

AUGENFLECKEN (2 x)
Die Flecken werden in R gehäkelt. Mit weißem Garn 5 Lm anschlagen und in die 2. Lm ab der Nadel einstechen.
1. R: mit weißem Garn 4 fM häkeln. [4].
Abketten und einen Faden zum Nähen lassen. Die Flecken zwischen der 7. und 11. Rd auf Augenhöhe anbringen.

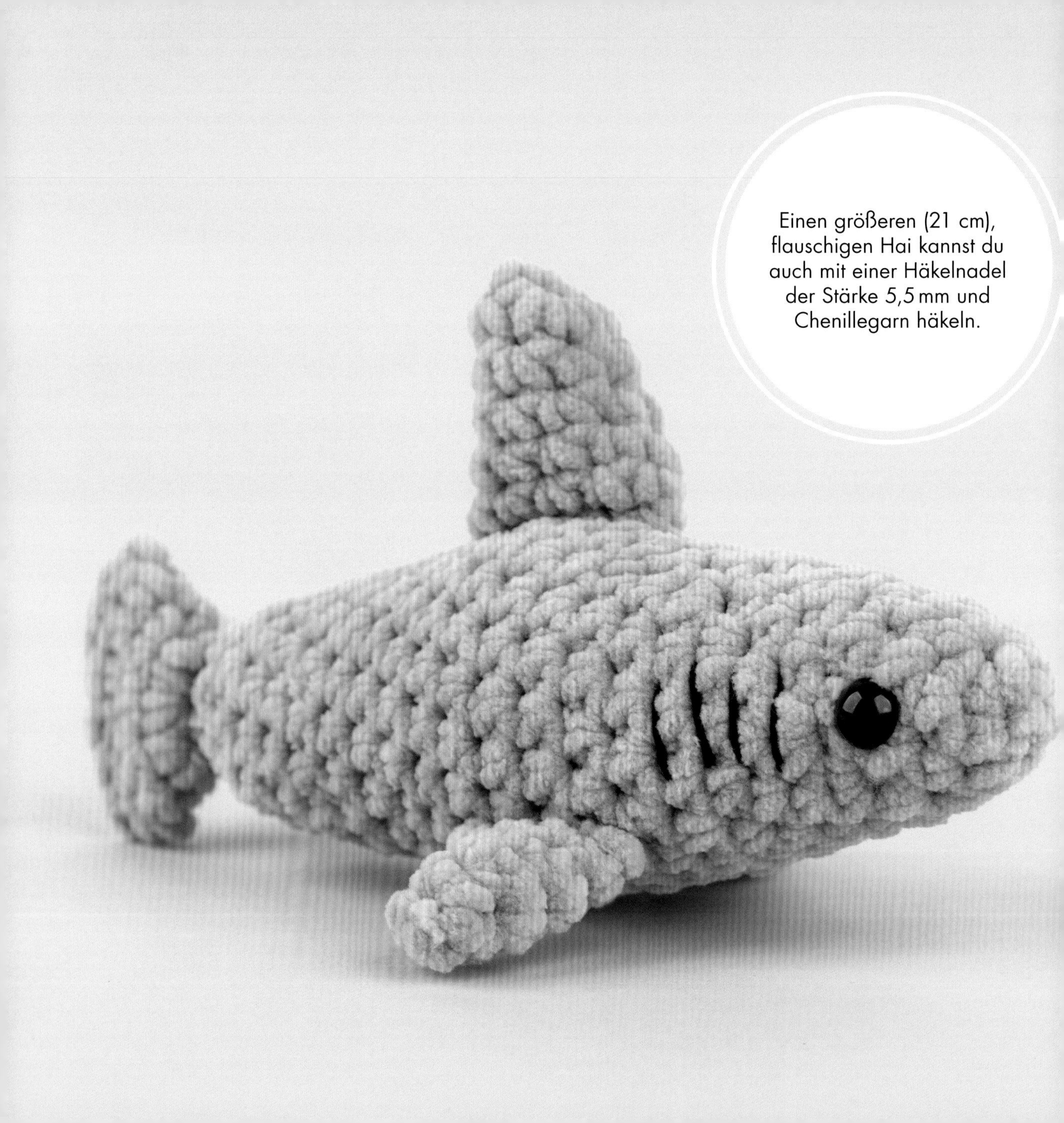

Einen größeren (21 cm), flauschigen Hai kannst du auch mit einer Häkelnadel der Stärke 5,5 mm und Chenillegarn häkeln.

HAI

KOPF/KÖRPER
1. Rd: mit grauem Garn 4 fM in einen Fadenring häkeln. [4].
2. Rd: * 1 M zun, 1 fM; ab * noch 1 x wdh. [6]
3. Rd: * 1 M zun, 2 fM; ab * noch 1 x wdh. [8]
4. Rd: 8 fM häkeln. [8]
5. Rd: * 1 M zun, 3 fM; ab * noch 1 x wdh. [10]
6. Rd: * 1 M zun, 4 fM; ab * noch 1 x wdh. [12]
7. Rd: 12 fM häkeln. [12]
8. Rd: * 1 M zun, 5 fM; ab * noch 1 x wdh. [14]
9. Rd: * 1 M zun, 6 fM; ab * noch 1 x wdh. [16]
10. Rd: 16 fM häkeln. [16]
11. Rd: * 1 M zun, 7 fM; ab * noch 1 x wdh. [18]
12. Rd: * 1 M zun, 8 fM; ab * noch 1 x wdh. [20]
13.–14. Rd: 20 fM häkeln. [20]
Die Sicherheitsaugen zwischen der 4. und 5. Rd auf beiden Seiten des Kopfes auf gleicher Höhe befestigen.
15. Rd: * 1 M abn, 8 fM; ab * noch 1 x wdh. [18]
16. Rd: 18 fM häkeln. [18]
17. Rd: * 1 M abn, 7 fM; ab * noch 1 x wdh. [16]
18.–19. Rd: 16 fM häkeln. [16]
20. Rd: * 1 M abn, 6 fM; ab * noch 1 x wdh. [14]
21. Rd: 14 fM häkeln. [14]
Kopf und Körper nach und nach mit Füllwatte ausstopfen.
22. Rd: * 1 M abn, 5 fM; ab * noch 1 x wdh. [12]
23. Rd: * 1 M abn, 4 fM; ab * noch 1 x wdh. [10]
24. Rd: * 1 M abn; ab * noch 4 x wdh. [5]
Abketten und einen Faden zum Nähen lassen.

SCHWANZ
1. Rd: mit grauem Garn 4 fM in einen Fadenring häkeln. [4].
2. Rd: 4 x 1 M zun. [8]
3. Rd: * 1 M zun, 1 fM; ab * noch 3 x wdh. [12]
1 Km in die nächste M häkeln. Den Schwanz flach drücken und eine R durch beide Lagen arbeiten.
1. R: 1 Lm, 3 fM, 1 hStb, 2 Stb. [7]
Abketten und Garnende vernähen. Den Schwanz nicht ausstopfen.
Den Schwanz vertikal am Körper festnähen. Die Stb der 1. R zeigen dabei nach oben.

SEITENFLOSSE (2 x)
1. Rd: mit grauem Garn 3 fM in einen Fadenring häkeln. [3].
2. Rd: 1 M zun, 2 fM. [4]

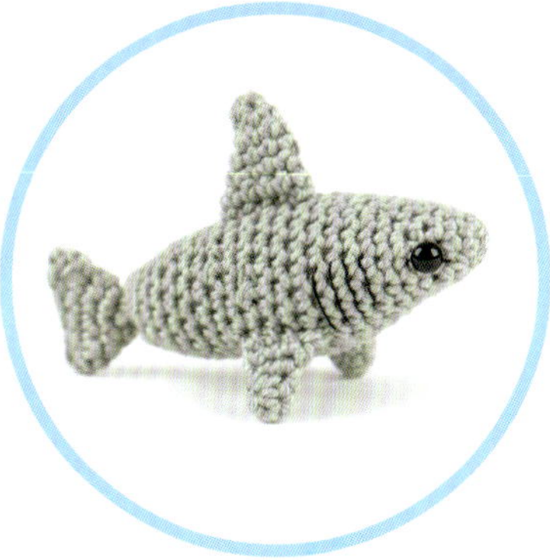

3. Rd: 1 M zun, 3 fM. [5]
4. Rd: 1 M zun, 4 fM. [6]
5. Rd: * 1 M zun, 2 fM; ab * noch 1 x wdh. [8]
Abketten und einen Faden zum Nähen lassen. Die Flossen nicht ausstopfen. Die Flossen zwischen der 11. und 15. Rd mit einem Abstand von 6 M auf der Körperunterseite befestigen.

RÜCKENFLOSSE
1. Rd: mit grauem Garn 4 fM in einen Fadenring häkeln. [4].
2. Rd: 2 x 1 M zun, 2 fM. [6]
3. Rd: 1 M zun, 5 fM. [7]
4. Rd: 1 M zun, 6 fM. [8]
5. Rd: 1 M zun, 7 fM. [9]
6. Rd: 1 M zun, 8 fM. [10]
Abketten und einen Faden zum Nähen lassen. Die Flosse nicht ausstopfen. Die Flosse zwischen der 12. und 16. Rd oben am Rücken festnähen.
Mit schwarzem Nähgarn auf beiden Seiten des Kopfes zwischen der 7. und 11. Rd 4 Kiemen aufsticken. Jede Kieme ist so breit wie 3 M.

HAMMERHAI

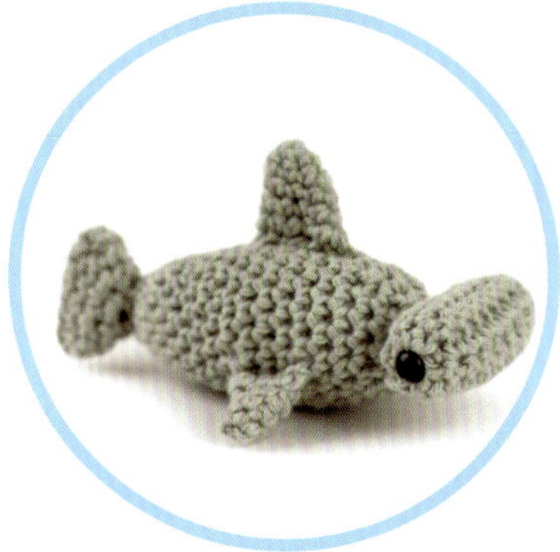

KÖRPER

1. Rd: mit grauem Garn 5 fM in einen Fadenring häkeln. [5].
2. Rd: 5 x 1 M zun. [10]
3. Rd: 10 fM häkeln. [10]
4. Rd: * 1 M zun, 4 fM; ab * noch 1 x wdh. [12]
5. Rd: * 1 M zun, 5 fM; ab * noch 1 x wdh. [14]
6. Rd: 14 fM häkeln. [14]
7. Rd: * 1 M zun, 6 fM; ab * noch 1 x wdh. [16]
8. Rd: 16 fM häkeln. [16]
9. Rd: * 1 M zun, 7 fM; ab * noch 1 x wdh. [18]
10. Rd: 18 fM häkeln. [18]
11. Rd: * 1 M zun, 8 fM; ab * noch 1 x wdh. [20]
12.–13. Rd: 20 fM häkeln. [20]
14. Rd: * 1 M abn, 8 fM; ab * noch 1 x wdh. [18]
15. Rd: 18 fM häkeln. [18]
Den Körper nach und nach mit Füllwatte ausstopfen.
16. Rd: * 1 M abn, 7 fM; ab * noch 1 x wdh. [16]
17. Rd: 16 fM häkeln. [16]
18. Rd: * 1 M abn, 6 fM; ab * noch 1 x wdh. [14]
19. Rd: * 1 M abn, 5 fM; ab * noch 1 x wdh. [12]
20. Rd: * 1 M abn, 4 fM; ab * noch 1 x wdh. [10]
21. Rd: * 1 M abn; ab * noch 4 x wdh. [5]
Abketten und einen Faden zum Nähen lassen.

SEITENFLOSSE (2 x)

1. Rd: mit grauem Garn 3 fM in einen Fadenring häkeln. [3].
2. Rd: 1 M zun, 2 fM. [4]
3. Rd: 1 M zun, 3 fM. [5]
4. Rd: 1 M zun, 4 fM. [6]
5. Rd: * 1 M zun, 2 fM; ab * noch 1 x wdh. [8]
Abketten und einen Faden zum Nähen lassen. Die Flossen nicht ausstopfen. Die Seitenflossen zwischen der 8. und 11. Rd am Körper festnähen.

RÜCKENFLOSSE

1. Rd: mit grauem Garn 4 fM in einen Fadenring häkeln. [4].
2. Rd: 2 x 1 M zun, 2 fM. [6]
3. Rd: 1 M zun, 5 fM. [7]
4. Rd: 1 M zun, 6 fM. [8]
5. Rd: 1 M zun, 7 fM. [9]
6. Rd: 1 M zun, 8 fM. [10]
Abketten und einen Faden zum Nähen lassen. Die Flosse nicht ausstopfen. Die Rückenflosse zwischen der 6. und 10. Rd auf dem Rücken des Hammerhais festnähen.

SCHWANZ

1. Rd: mit grauem Garn 4 fM in einen Fadenring häkeln. [4].
2. Rd: 4 x 1 M zun. [8]
3. Rd: * 1 M zun, 1 fM; ab * noch 3 x wdh. [12]
1 Km in die nächste M häkeln. Den Schwanz flach drücken und eine R durch beide Lagen arbeiten.
1. R: 1 Lm, 3 fM, 1 hStb, 2 Stb. [7]
Abketten und Garnende vernähen. Den Schwanz nicht ausstopfen. Den Schwanz vertikal an der letzten Runde des Körpers befestigen.

HAMMERKOPF

Mit grauem Garn 10 Lm anschlagen und in die 2. Lm ab der Nadel einstechen.

1.–10. R: 9 fM häkeln, 1 Lm, wenden. [9]

11. R: 9 fM häkeln. [9]

Abketten und jeweils einen Faden durch ein Ende des Hammerkopfes fädeln (siehe Abb. rechts).

An den Fäden ziehen, damit sich das Häkelteil wie eine Wurst zusammenrollt und die Fadenenden an den jeweiligen Seiten miteinander verknoten. An den Seiten des Hammerkopfes jeweils ein Sicherheitsauge einsetzen. Kopf mit Füllwatte ausstopfen und die offene Kante zunähen. Diese Kante sollte beim Festnähen des Kopfes Richtung Körper zeigen. Horizontal am vorderen Körperende festnähen.

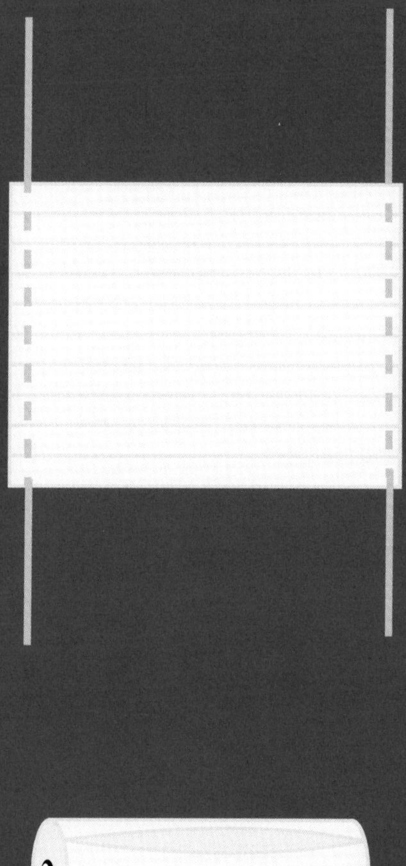

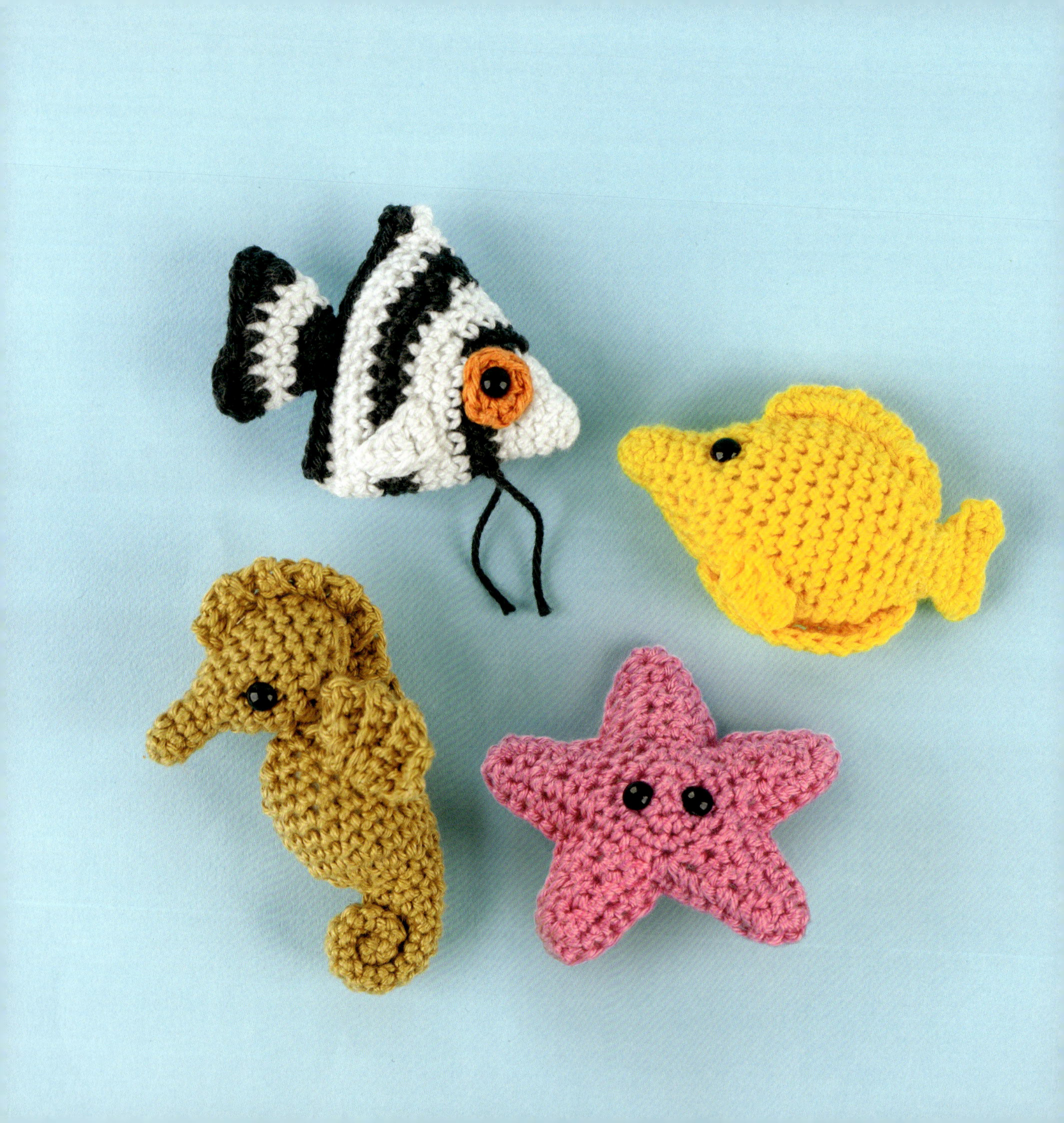

SEEPFERD-CHEN

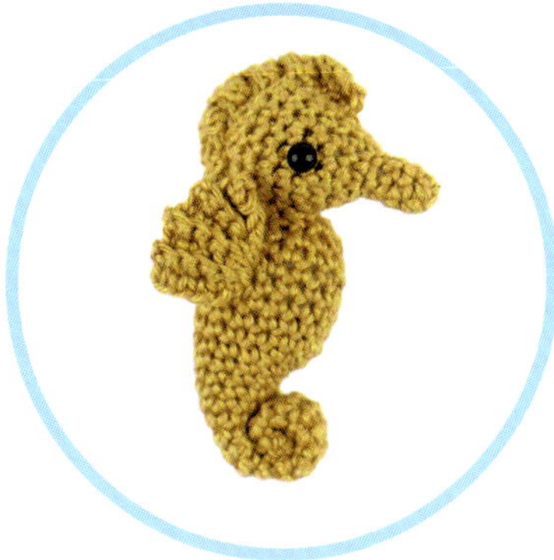

KOPF

1. Rd: mit gelbem Garn 5 fM in einen Fadenring häkeln. [5].
2.–5. Rd: 5 fM häkeln. [5]
6. Rd: 5 x 1 M zun. [10]
7. Rd: 10 fM häkeln. [10]
8. Rd: * 1 M zun, 1 fM; ab * noch 4 x wdh. [15]
9. Rd: 15 fM häkeln. [15]
10. Rd: * 1 M zun, 4 fM; ab * noch 2 x wdh. [18]
11. Rd: 18 fM häkeln. [18]
Die Sicherheitsaugen zwischen der 9. und 10. Rd mit einem Abstand von 7 M einsetzen.
12. Rd: * 1 M abn, 4 fM; ab * noch 2 x wdh. [15]
13. Rd: * 1 M abn, 3 fM; ab * noch 2 x wdh. [12]
Den Kopf mit Füllwatte ausstopfen.
14. Rd: * 1 M abn; ab * noch 5 x wdh. [6]
Abketten und Garnende vernähen.

KÖRPER

1. Rd: mit gelbem Garn 4 fM in einen Fadenring häkeln. [4].
2. Rd: 1 M zun, 3 fM. [5]
3. Rd: 5 fM häkeln. [5]
4. Rd: 1 M zun, 4 fM. [6]
5.–13. Rd: 6 fM häkeln. [6]
14. Rd: 1 M zun, 5 fM. [7]
15. Rd: 1 M zun, 6 fM. [8]
16.–17. Rd: 8 fM häkeln. [8]
18. Rd: 1 M zun, 7 fM. [9]
19.–20. Rd: 9 fM häkeln. [9]
21. Rd: 1 fM, 3 x 1 M zun, 5 fM. [12]
22. Rd: 1 fM, 6 x 1 M zun, 5 fM. [18]
Die Zunahmen bilden den Bauch.
23.–26. Rd: 18 fM häkeln. [18]
Den Körper von der 1.–18. Rd nicht ausstopfen. Den restlichen Körper nach und nach mit Füllwatte ausstopfen.
27. Rd: * 1 M abn, 4 fM; ab * noch 2 x wdh. [15]
28. Rd: 15 fM häkeln. [15]
29. Rd: * 1 M abn, 3 fM; ab * noch 2 x wdh. [12]
30. Rd: * 1 M abn, 1 fM; ab * noch 3 x wdh. [8]
Abketten, Faden zum Nähen lassen und den Kopf an den Körper nähen. Den Schwanz zum Bauch hin einrollen und an der 18. Rd festnähen.

KAMM

Mit gelbem Garn 3 Lm anschlagen, in die 2. Lm ab der Nadel einstechen.
1. R: 2 fM häkeln, 1 Lm, wenden. [2]
2.–13. R: 2 fM ihM häkeln, 1 Lm, wenden. [2]
14. R: 2 fM ihM häkeln. [2]
Abketten und einen Faden zum Nähen lassen. Den Kamm oben in der Mitte des Kopfes festnähen.

FLOSSE (2 x)

Mit gelbem Garn 5 Lm anschlagen und in die 2. Lm ab der Nadel einstechen.
1. R: 4 fM häkeln, 1 Lm, wenden. [4]
2.–7. R: 4 fM ihM häkeln, 1 Lm, wenden. [4]
8. R: 4 fM ihM häkeln. [4]
Abketten und einen Faden zum Nähen lassen. Einen Faden durch das lange Flossenende fädeln und festziehen, bis eine Fächerform entsteht. Zwischen der 24. und 27. Rd seitlich am Körper festnähen.

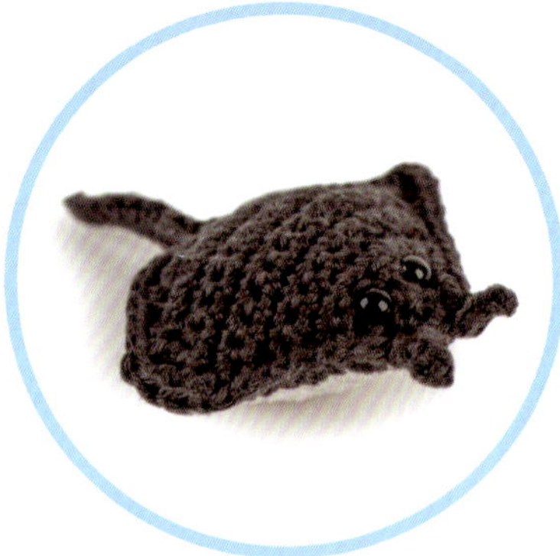

MANTA-ROCHEN

KÖRPERUNTERSEITE

Der Mantarochen wird in zwei Teilen gearbeitet, die später miteinander verbunden werden.
Mit weißem Garn 5 Lm anschlagen und in die 2. Lm ab der Nadel einstechen.
1. R: 4 fM häkeln, 1 Lm, wenden. [4]
2. R: 1 M zun, 2 fM, 1 M zun, 1 Lm, wenden. [6]
3. R: 1 M zun, 4 fM, 1 M zun, 1 Lm, wenden. [8]
4. R: 1 M zun, 6 fM, 1 M zun, 1 Lm, wenden. [10]
5. R: 10 fM häkeln, 1 Lm, wenden. [10]
6. R: 1 M zun, 8 fM, 1 M zun, 1 Lm, wenden. [12]
7. R: 1 M zun, 10 fM, 1 M zun, 1 Lm, wenden. [14]
8. R: 1 M zun, 12 fM, 1 M zun, 1 Lm, wenden. [16]
9. R: 16 fM häkeln, 1 Lm, wenden. [16]
10. R: 1 M abn, 12 fM, 1 M abn, 1 Lm, wenden. [14]
11. R: 1 M abn, 10 fM, 1 M abn, 1 Lm, wenden. [12]
12. R: 1 M abn, 8 fM, 1 M abn. [10]
Abketten und Garnende vernähen.

KÖRPEROBERSEITE

Die Oberseite mit schwarzem Garn genau wie die Unterseite häkeln, aber am Ende nicht abketten.
Die Sicherheitsaugen zwischen der 2. und 3. R befestigen. Die beiden Teile mit den Rückseiten aufeinanderlegen, an den Rändern zusammenhäkeln und rundherum durch beide Lagen arbeiten. Die Unterseite zeigt zu dir. Die schmale Seite bildet das vordere Ende.
Am hintersten Teil beginnen. Hier häkeln wir auch den Schwanz.
1. Rd: mit schwarzem Garn 5 fM häkeln (bzw. die Maschenanzahl, die benötigt wird, um zur Mitte des hinteren Endes zu gelangen).
9 Lm häkeln und in die 2. Lm ab der Nadel einstechen, 8 fM häkeln und dann am Körper weiterarbeiten. 8 fM häkeln. Jetzt bist du auf einer Körperseite am äußersten Punkt des Rochens.
2 Stb in die Eck-M arbeiten, 1 hStb und 1 fM in die nächste M, 6 fM, 1 M zun.
3 Lm häkeln und in die 2. Lm ab der Nadel einstechen, 2 fM häkeln und dann 3 fM am Körper häkeln. Körper nach und nach mit Füllwatte stopfen.
3 Lm häkeln und in die 2. Lm ab der Nadel einstechen, 2 fM häkeln.
Weiter rund um den Köper häkeln, 1 M zun, 7 fM, 1 fM und 1 hStb in die nächste M, 2 Stb in die nächste M, 3 fM häkeln (bzw. die Maschenanzahl, die benötigt wird, um die Runde zu beenden). Abketten und Garnende vernähen.

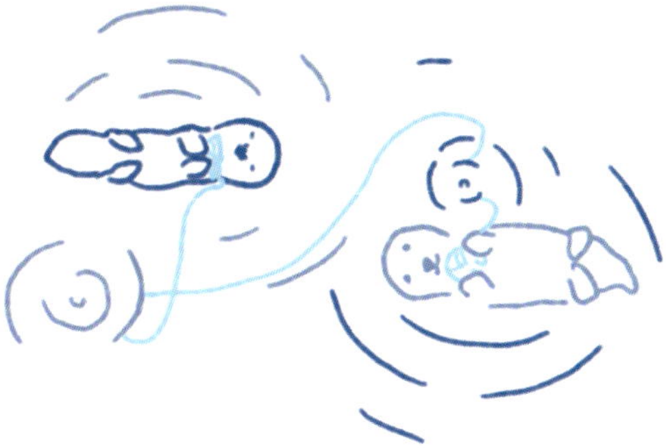

SEEOTTER

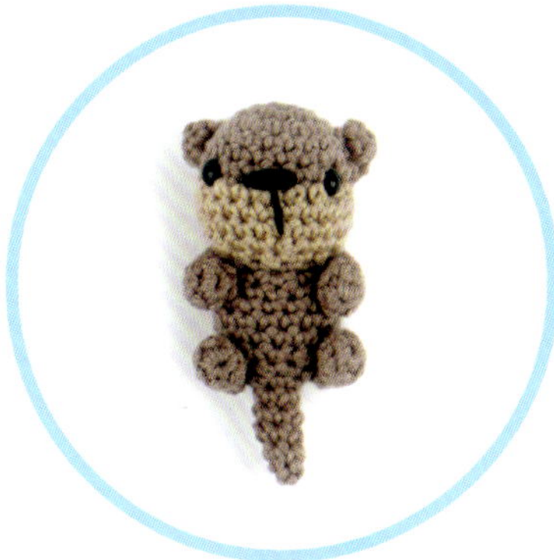

KOPF/KÖRPER
1. Rd: mit braunem Garn 6 fM in einen Fadenring häkeln. [6].
2. Rd: 6 x 1 M zun. [12]
3. Rd: * 1 M zun, 1 fM; ab * noch 5 x wdh. [18]
4.–6. Rd: 18 fM häkeln. [18]
7. Rd: mit hellbraunem Garn weiterarbeiten, * 1 M zun, 2 fM; ab * noch 5 x wdh. [24].
8.–9. Rd: 24 fM häkeln. [24]
10. Rd: * 1 M abn, 2 fM; ab * noch 5 x wdh. [18]
Die Sicherheitsaugen zwischen der 6. und 7. Rd mit einem Abstand von 5 M einsetzen.
11. Rd: * 1 M abn, 1 fM; ab * noch 5 x wdh. [12]
12. Rd: mit braunem Garn weiterarbeiten, 12 fM häkeln. [12].
Kopf und Körper nach und nach mit Füllwatte ausstopfen.
13. Rd: * 1 M zun, 3 fM; ab * noch 2 x wdh. [15]
14. Rd: 15 fM häkeln. [15]
15. Rd: * 1 M zun, 4 fM; ab * noch 2 x wdh. [18]
16.–17. Rd: 18 fM häkeln. [18]
18. Rd: * 1 M abn, 4 fM; ab * noch 2 x wdh. [15]
19. Rd: * 1 M abn, 3 fM; ab * noch 2 x wdh. [12]
20. Rd: 6 x 1 M abn. [6]
Hier beginnen wir mit dem Schwanz. Den Schwanz nicht ausstopfen.
21.–22. Rd: 6 fM häkeln. [6]
23. Rd: 1 M abn, 4 fM. [5]
24.–25. Rd: 5 fM häkeln. [5]
Abketten und Garnende vernähen.
Mit schwarzem Nähgarn eine Nase aufsticken.

OHR (2 x)
1. Rd: mit braunem Garn 5 fM in einen Fadenring häkeln. [5].
2. Rd: 5 fM häkeln. [5]
Abketten und einen Faden zum Nähen lassen. Die Ohren nicht ausstopfen. Auf beiden Seiten des Kopfes zwischen der 4. und 6. Rd festnähen.

BEIN (4 x)
1. Rd: mit braunem Garn 6 fM in einen Fadenring häkeln. [6].
2.–5. Rd: 6 fM häkeln. [6]
Abketten und einen Faden zum Nähen lassen. Die Beine nicht ausstopfen und auf beiden Seiten des Körpers festnähen. Die Vorderbeine zwischen der 12. und 14. und die Hinterbeine zwischen der 16. und 18. Rd befestigen.

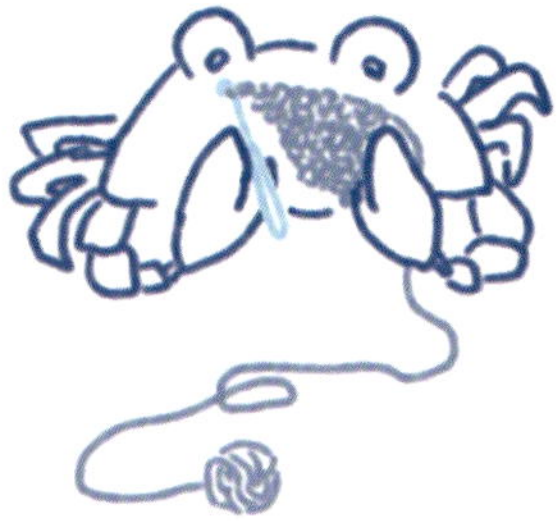

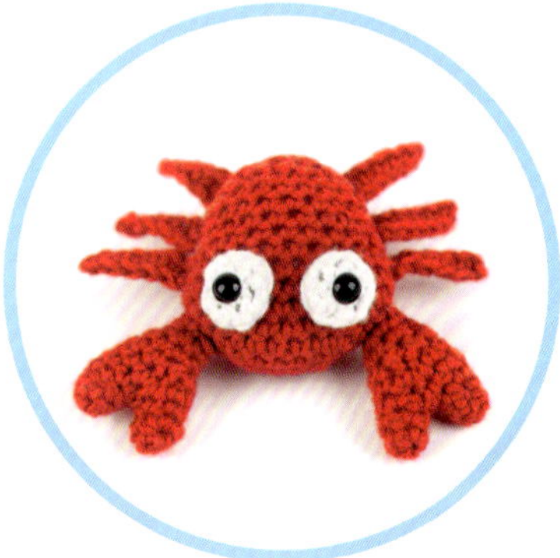

KRABBE

AUGENFLECKEN (2x)

1. Rd: mit weißem Garn 6 fM in einen Fadenring häkeln. [6].
Den Ring nicht zu sehr festziehen, da hier später die Sicherheitsaugen eingesetzt werden.
2. Rd: * 1 M zun, 2 fM; ab * noch 1x wdh. [8]
Abketten und die Sicherheitsaugen befestigen. Wenn du keine verwendest, den Fadenring festziehen und die Augen vor dem Annähen mit Füllwatte ausstopfen.

KÖRPER

In der 1. Rd rund um die Lm-Kette häkeln.
Mit rotem Garn 7 Lm anschlagen und in die 2. Lm ab der Nadel einstechen.
1. Rd: 5 fM, 1 M zun, 5 fM auf der anderen Seite der Lm-Kette. [12]
2. Rd: 1 M zun, 4 fM, 2x 1 M zun, 4 fM, 1 M zun. [16]
3. Rd: 2x 1 M zun, 5 fM, 3x 1 M zun, 5 fM, 1 M zun. [22]
4. Rd: 1 fM, 1 M zun, 10 fM, 1 M zun, 9 fM. [24]
Die Zunahmen befinden sich auf den Körperseiten der Krabbe.
5.–7. Rd: 24 fM häkeln. [24]
8. Rd: * 1 fM, 1 M abn; ab * noch 1x wdh, 6 fM, * 1 fM, 1 M abn; ab * noch 1x wdh, 6 fM. [20]
9.–10. Rd: 20 fM häkeln. [20]
11. Rd: 2 fM, 1 M abn, 8 fM, 1 M abn, 6 fM. [18]
Den Körper mit Füllwatte ausstopfen.
12. Rd: * 1 M abn, 1 fM; ab * noch 5x wdh. [12]
13. Rd: * 1 M abn; ab * noch 5x wdh. [6]
Abketten und Garnende vernähen.
Die Augen zwischen der 4. und 6. Rd festnähen.

KLEINE SCHERE (2x)

1. Rd: mit rotem Garn 3 fM in einen Fadenring häkeln. [3].
2. Rd: 1 M zun, 2 fM. [4]
3. Rd: 1 M zun, 3 fM. [5]
Abketten und Garnende vernähen.
Die kleinen Scheren werden später mit den großen Scheren zusammengehäkelt.

GROSSE SCHERE (2 x)
1. Rd: mit rotem Garn 4 fM in einen Fadenring häkeln. [4].
2. Rd: 1 M zun, 3 fM. [5]
3. Rd: 1 M zun, 4 fM. [6]
4. Rd: 1 M zun, 5 fM. [7]
5. Rd: um die beiden Teile zu verbinden, zuerst fM rund um die kleine und dann rund um die große Schere häkeln. [12]
6. Rd: 12 fM häkeln. [12]
Die Scheren nach und nach mit Füllwatte ausstopfen.
7. Rd: * 1 M abn, 2 fM; ab * noch 2 x wdh. [9]
8. Rd: * 1 M abn, 1 fM; ab * noch 2 x wdh. [6]
9. Rd: 6 fM häkeln. [6]
Abketten und einen Faden zum Nähen lassen. Die Scheren vorne am Körper der Krabbe festnähen.

BEIN (6 x)
Mit rotem Garn 6 Lm anschlagen und in die 2. Lm ab der Nadel einstechen.
1. Rd: 5 fM häkeln. [5]
Abketten und einen Faden zum Nähen lassen. Jeweils drei Beine im Abstand von 1 Rd an einer Körperseite befestigen.

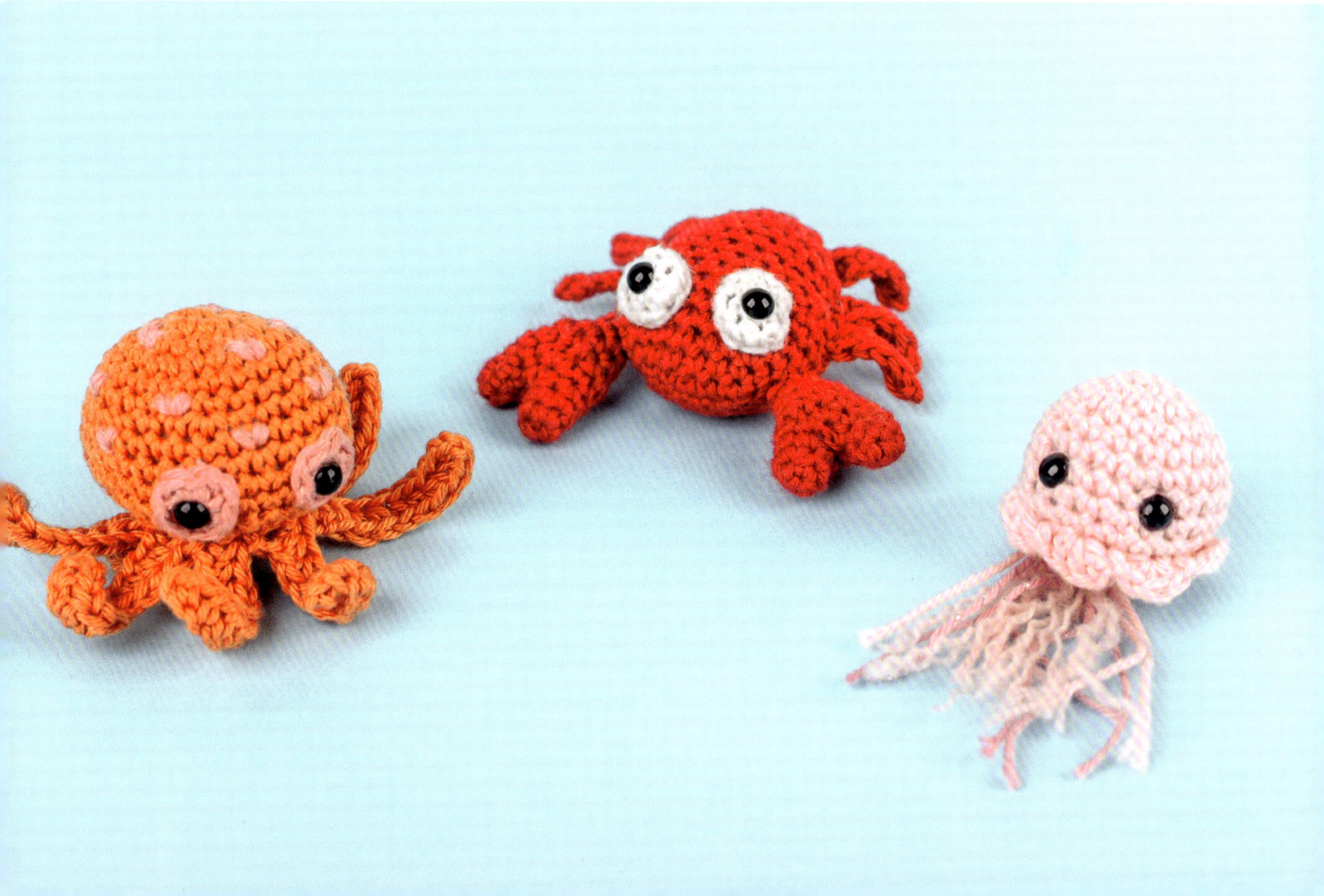

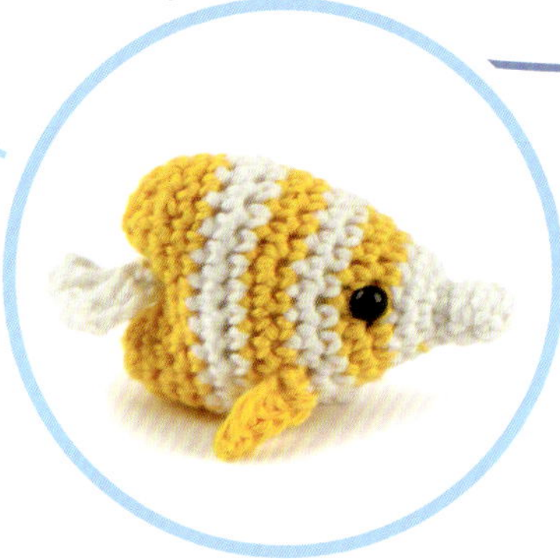

FALTER-FISCH

KOPF/KÖRPER

1. Rd: mit weißem Garn 5 fM in einen Fadenring häkeln. [5].
2.–3. Rd: 5 fM häkeln. [5]
4. Rd: 1 M zun, 4 fM. [6]
5. Rd: 3 x 1 M zun, 3 fM. [9]
Die zweite Zunahme kennzeichnet die Kopfoberseite. Zwischen den beiden M der zweiten Zunahme einen Maschenmarkierer anbringen.
6. Rd: * 1 M zun, 1 fM; ab *noch 2 x wdh, 3 fM. [12]
7. Rd: mit gelbem Garn weiterarbeiten, * 1 M zun, 3 fM; ab * noch 2 x wdh. [15].
8. Rd: * 1 M zun, 4 fM; ab * noch 2 x wdh. [18]
9. Rd: mit weißem Garn weiterarbeiten, 18 fM häkeln. [18].
10. Rd: * 1 M zun, 5 fM; ab * noch 2 x wdh. [21]
11. Rd: mit gelbem Garn weiterarbeiten, 21 fM häkeln. [21].
12. Rd: * 1 M zun, 6 fM; ab * noch 2 x wdh. [24]
13.–14. Rd: mit weißem Garn weiterarbeiten, 24 fM häkeln. [24].
15.–16. Rd: mit gelbem Garn weiterarbeiten, 24 fM häkeln. [24].
Die Sicherheitsaugen zwischen der 7. und 8. Rd mit einem Abstand von 6 M einsetzen. Vom Maschenmarkierer 12 M nach unten zählen. Hier befindet sich die Körperunterseite. Einen Maschenmarkierer anbringen.
17. Rd: fM bis zur Markierung an der Kopfoberseite häkeln (5. Rd).
Ab der Markierung folgende M häkeln: 6 fM, 12 M überspringen, 6 fM. [12]
18. Rd: 12 fM häkeln. [12]
19. Rd: 6 x 1 M abn. [6]
Abketten und Garnende vernähen.
Den Körper mit Füllwatte ausstopfen.
Mit dem Garn 6 M vor der oberen Markierung anschlingen, um die restlichen 12 M zu bearbeiten.
17. Rd: je 1 fM in jede unbearbeitete M häkeln. [12]
Über diese M in Rd arbeiten. [12]
Kopf und Körper nach und nach mit Füllwatte ausstopfen.
18. Rd: 12 fM häkeln. [12]
19. Rd: 6 x 1 M abn. [6]
Abketten und Garnende vernähen.

FLOSSE (2 x)

Mit gelbem Garn 5 Lm anschlagen und in die 2. Lm ab der Nadel einstechen.
1. Rd: 1 fM, 1 hStb, 1 Stb. [4]
Mit einer Lm enden und die Flossen an der 11. Rd seitlich am Körper festnähen.

SCHWANZ

Mit weißem Garn 5 Lm anschlagen und in die 2. Lm ab der Nadel einstechen.
1. R: mit weißem Garn weiterarbeiten, 4 fM häkeln, 1 Lm, wenden. [4].
2.–5. R: 4 fM ihM häkeln, eine Lm, wenden. [4]
6. R: 4 fM ihM häkeln. [4]
Abketten und einen Faden zum Nähen lassen. Einen Faden durch das lange Schwanzende fädeln und festziehen, bis eine Fächerform entsteht. Dann hinten am Körper festnähen.

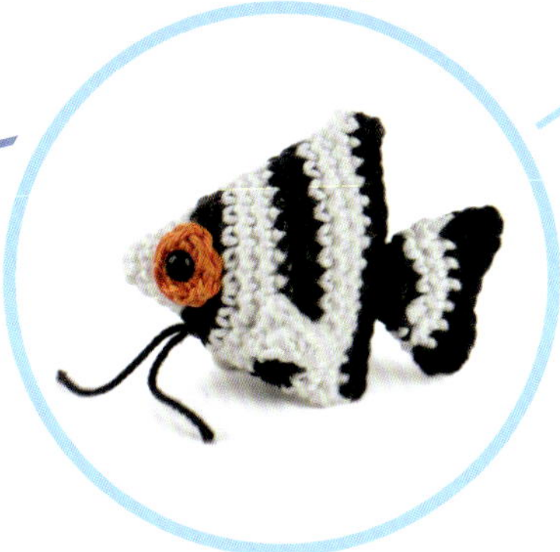

SKALAR

AUGENFLECKEN (2 x)

1. Rd: mit hellorangem Garn 8 fM in einen Fadenring häkeln. [8].
Bevor du den Ring festziehst, in der Mitte ein Auge einsetzen (der Verschluss wird später befestigt). Einen Faden zum Nähen lassen.

KOPF/KÖRPER

1. Rd: mit weißem Garn 4 fM in einen Fadenring häkeln. [4].
2. Rd: * 1 M zun, 1 fM; ab * noch 1 x wdh. [6]
3. Rd: * 1 M zun, 2 fM; ab * noch 1 x wdh. [8]
4. Rd: * 1 M zun, 3 fM; ab * noch 1 x wdh. [10]
5. Rd: * 1 M zun, 4 fM; ab * noch 1 x wdh. [12]
6. Rd: mit schwarzem Garn weiterarbeiten, * 1 M zun, 3 fM; ab * noch 2 x wdh. [15].
7. Rd: * 1 M zun, 4 fM; ab * noch 2 x wdh. [18]
8. Rd: mit weißem Garn weiterarbeiten, * 1 M zun, 8 fM; ab * noch 1 x wdh. [20].
9. Rd: * 1 M zun, 9 fM; ab * noch 1 x wdh. [22]
10. Rd: * 1 M zun, 10 fM; ab * noch 1 x wdh. [24]
11. Rd: mit schwarzem Garn weiterarbeiten, * 1 M zun, 11 fM; ab * noch 1 x wdh. [26].
12. Rd: * 1 M zun, 12 fM; ab * noch 1 x wdh. [28]
13.–14. Rd: mit weißem Garn weiterarbeiten, 28 fM häkeln. [28].
15. Rd: * 1 M zun, 13 fM; ab * noch 1 x wdh. [30]
Die Sicherheitsaugen mit den Augenflecken zwischen der 5. und 6. Rd auf beiden Seiten am Kopf anbringen. Den Körper mit Füllwatte ausstopfen und dann flach drücken, sodass sich die Augen seitlich am Kopf befinden. Mit schwarzem Garn eine R durch beide Lagen häkeln:
1. R: 15 fM häkeln. [15]
Abketten und Garnende vernähen.

SCHWANZ

1. Rd: mit schwarzem Garn 5 fM in einen Fadenring häkeln. [5].
2. Rd: 5 x 1 M zun. [10]
3. Rd: mit weißem Garn weiterarbeiten, * 1 M zun, 4 fM; ab * noch 1 x wdh. [12].
4. Rd: * 1 M zun, 5 fM; ab * noch 1 x wdh. [14]
1 Km häkeln. Den Schwanz nicht ausstopfen, aber flach drücken und mit schwarzem Garn durch beide Lagen häkeln.
1. R: 3 Lm, 1 Stb in die M an der Basis der 3-Lm-Kette, 1 hStb, 1 fM, 1 Km, 1 fM, 1 hStb, 2 Stb in die letzte M. [9]
Abketten und einen Faden zum Nähen lassen. Den Schwanz an der letzten Runde des Körpers mittig befestigen.

FLOSSEN (2 x)

Mit weißem Garn 4 Lm anschlagen und in die 2. Lm ab der Nadel einstechen.
1. Rd: 1 fM, 1 hStb, 1 Stb. [3]
Mit einer Lm enden und die Flossen in der 9. Rd seitlich am Körper festnähen. Ein Stück schwarzes Garn durch die unterste M zwischen der 6. und 7. Rd fädeln. Das Garn verknoten und auf die gewünschte Länge kürzen.

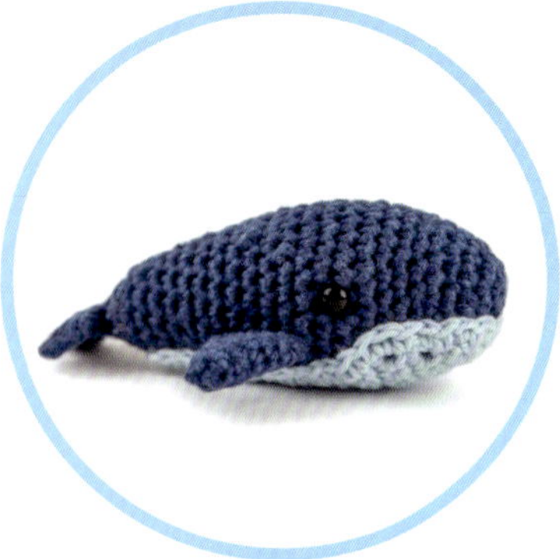

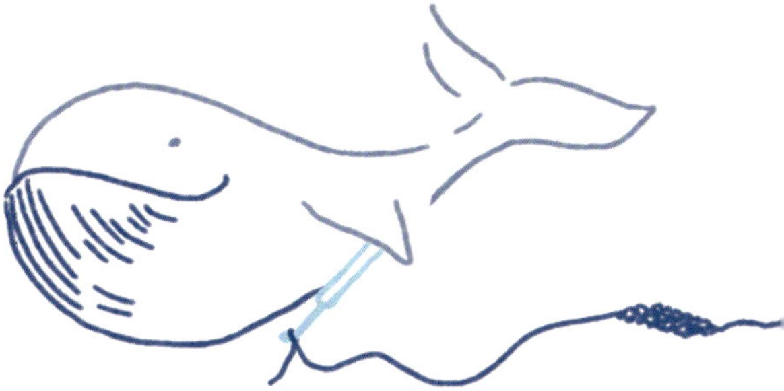

BLAUWAL

KÖRPER

1. Rd: mit blauem Garn 6 fM in einen Fadenring häkeln. [6].
2. Rd: 6 x 1 M zun. [12]
3. Rd: 12 fM häkeln. [12]
4. Rd: * 1 M zun, 1 fM; ab * noch 5 x wdh. [18]
5.–6. Rd: 18 fM häkeln. [18]
7. Rd: * 1 M zun, 2 fM; ab * noch 5 x wdh. [24]
8.–12. Rd: 24 fM häkeln. [24]
13. Rd: * 1 M abn, 10 fM; ab * noch 1 x wdh. [22]
14. Rd: 22 fM häkeln. [22]
15. Rd: * 1 M abn, 9 fM; ab * noch 1 x wdh. [20]
Die Sicherheitsaugen zwischen der 10. und 11. Rd auf beiden Seiten des Kopfes auf gleicher Höhe befestigen.
16. Rd: * 1 M abn, 8 fM; ab * noch 1 x wdh. [18]
17. Rd: 18 fM häkeln. [18]
Den Körper nach und nach mit Füllwatte ausstopfen.
18. Rd: * 1 M abn, 4 fM; ab * noch 2 x wdh. [15]
19. Rd: 15 fM häkeln. [15]
20. Rd: * 1 M abn, 3 fM; ab * noch 2 x wdh. [12]
21. Rd: 12 fM häkeln. [12]
22. Rd: * 1 M abn, 2 fM; ab * noch 2 x wdh. [9]
23. Rd: 9 fM häkeln. [9]
24. Rd: * 1 M abn, 1 fM; ab * noch 2 x wdh. [6]
25. Rd: * 1 M abn, 1 fM; ab * noch 1 x wdh. [4]
Abketten und einen Faden zum Nähen lassen.

BAUCH

Der Bauch wird in R gehäkelt. Mit hellblauem Garn 5 Lm anschlagen und in die 2. Lm ab der Nadel einstechen.
1. R: 1 M zun, 2 fM, 1 M zun, 1 Lm, wenden. [6]
2. R: 1 M zun, 4 fM, 1 M zun, 1 Lm, wenden. [8]
3. R: 1 M zun, 6 fM, 1 M zun, 1 Lm, wenden. [10]
4.–6. R: 10 fM häkeln, 1 Lm, wenden. [10]
7. R: 1 M abn, 6 fM, 1 M abn, 1 Lm, wenden. [8]
8. R: 1 M abn, 4 fM, 1 M abn, 1 Lm, wenden. [6]
9. R: 6 fM häkeln, 1 Lm, wenden. [6]
10. R: 1 M abn, 2 fM, 1 M abn, 1 Lm, wenden. [4]
11.–13. R: 4 fM häkeln, 1 Lm, wenden. [4]
14. R: 2 x 1 M abn, 1 Lm, wenden. [2]
15.–17. R: 2 fM häkeln, 1 Lm, wenden. [2]
Rund um den Bauch fM häkeln und an jeder Ecke 1 M zun. Abketten und einen Faden zum Nähen lassen. Den Bauch an der Unterseite des Wals zwischen der 2. und 23. Rd festnähen.

SCHWANZ
1. Rd: mit blauem Garn 8 fM in einen Fadenring häkeln. [8].
2. Rd: 8 x 1 M zun. [16]
1 Km häkeln. Den Schwanz nicht ausstopfen, aber flach drücken und durch beide Lagen häkeln.
1. R: 3 Lm, 1 Stb in die M an der Basis der 3-Lm-Kette, 1 hStb, 1 fM, 1 Km, 1 fM, 1 hStb, 1 Stb, 2 Stb in die letzte M. [10]
Abketten und Garnende vernähen.
Den Schwanz horizontal am Körper festnähen.

FLOSSE (2 x)
1. Rd: mit blauem Garn 4 fM in einen Fadenring häkeln. [4].
2. Rd: * 1 M zun, 1 fM; ab * noch 1 x wdh. [6]
3. Rd: 1 M zun, 5 fM. [7]
4. Rd: 1 M zun, 6 fM. [8]
5. Rd: 1 M zun, 7 fM. [9]
6. Rd: 1 M zun, 8 fM. [10]
7. Rd: 10 fM häkeln. [10]
Abketten und einen Faden zum Nähen lassen. Die Flossen nicht ausstopfen. Die Flossen zwischen der 12. und 16. Rd auf beiden Seiten des Körpers festnähen.

SEESTERN

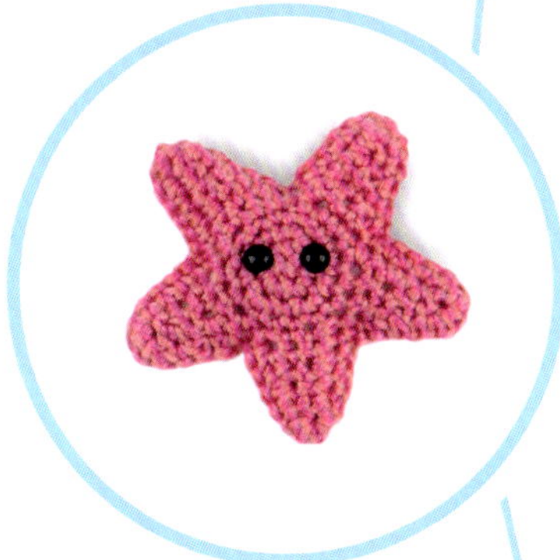

UNTERSEITE
Der Seestern wird in zwei Teilen gearbeitet, die später miteinander verbunden werden.
1. Rd: mit weißem Garn 5 fM in einen Fadenring häkeln. [5].
2. Rd: 5 x 1 M zun. [10]
3. Rd: * 1 M zun, 1 fM; ab * noch 4 x wdh. [15]
Jetzt die fünf Arme des Seesterns arbeiten. Einen Arm folgendermaßen häkeln:
1.–3. R: 3 fM häkeln, 1 Lm, wenden. [3]
4. R: 1 fM, 1 M abn, 1 Lm, wenden. [2]
5. R: 2 fM häkeln, 1 Lm, wenden. [2]
6. R: 1 M abn, 1 Lm, wenden. [1]
7. R: 1 fM. [1]
Entlang der Armkante gleichmäßig 5 fM zurück zur 3. Rd häkeln. Die 1.–7. R wdh und 4 weitere Arme häkeln. Abketten und Garnende vernähen.

OBERSEITE
Die Oberseite mit pinkfarbenem Garn genau wie die Unterseite häkeln, aber nach dem Arbeiten der fünf Arme nicht abketten. Die Sicherheitsaugen zwischen der 2. und 3. Rd befestigen.
Die Teile des Seesterns mit den Rückseiten aufeinanderlegen. Die Unterseite zeigt dabei zu dir. Jetzt rund um den Seestern durch beide Lagen häkeln:
5 fM bis zur Spitze des 1. Arms häkeln, 3 fM in die M an der Armspitze arbeiten und 5 fM auf der anderen Seite des Arms wieder hinunterhäkeln. Bei den anderen vier Armen wiederholen. Beim Häkeln nach und nach mit Füllwatte ausstopfen. Wenn du einmal rund um den Seestern gehäkelt hast, abketten und Garnenden vernähen.

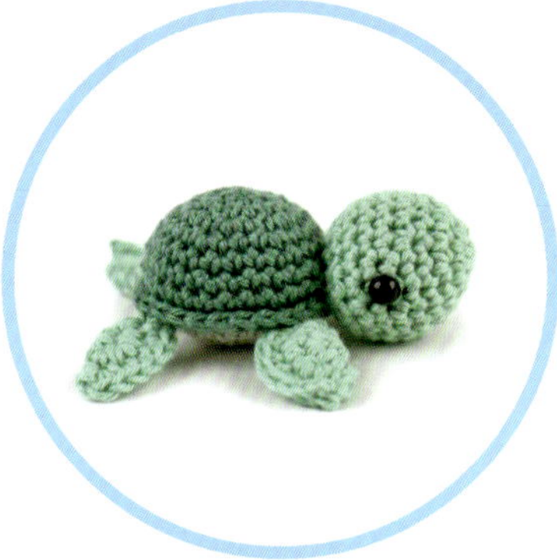

WASSER-SCHILDKRÖTE

PANZERUNTERSEITE

1. Rd: mit hellgrünem Garn 7 fM in einen Fadenring häkeln. [7].
2. Rd: 7x 1 M zun. [14]
3. Rd: * 1 M zun, 1 fM; ab * noch 6x wdh. [21]
4. Rd: * 1 M zun, 2 fM; ab * noch 6x wdh. [28]
Abketten und Garnende vernähen.

PANZEROBERSEITE

1. Rd: mit dunkelgrünem Garn 6 fM in einen Fadenring häkeln. [6].
2. Rd: 6x 1 M zun. [12]
3. Rd: * 1 M zun, 1 fM; ab * noch 5x wdh. [18]
4. Rd: * 1 M zun, 2 fM; ab * noch 5x wdh. [24]
5. Rd: 24 fM häkeln. [24]
6. Rd: * 1 M zun, 5 fM; ab * noch 3x wdh. [28]
7. Rd: 28 fM häkeln. [28]
Die beiden Panzerteile aufeinanderlegen und durch beide Lagen arbeiten. Die Panzeroberseite zeigt dabei zu dir. Beim Häkeln nach und nach mit Füllwatte ausstopfen.
8. Rd: 28 fM häkeln. [28]
Abketten und Garnende vernähen.

KOPF

1. Rd: mit grünem Garn 6 fM in einen Fadenring häkeln. [6].
2. Rd: 6x 1 M zun. [12]
3. Rd: * 1 M zun, 3 fM; ab * noch 2x wdh. [15]
4. Rd: 15 fM häkeln. [15]
5. Rd: * 1 M zun, 4 fM; ab * noch 2x wdh. [18]
6.–8. Rd: 18 fM häkeln. [18]
Die Sicherheitsaugen zwischen der 5. und 6. Rd mit einem Abstand von 8 M einsetzen.
9. Rd: * 1 M abn, 1 fM; ab * noch 5x wdh. [12]
Den Kopf mit Füllwatte ausstopfen.
10. Rd: 6x 1 M abn. [6]
Abketten und einen Faden zum Nähen lassen. Den Kopf an der Verbindungsstelle zwischen den beiden Panzerteilen festnähen.

VORDERBEIN (2x)

1. Rd: mit grünem Garn 6 fM in einen Fadenring häkeln. [6].
2. Rd: 6x 1 M zun. [12]
3. Rd: * 1 M zun, 1 fM; ab * noch 5x wdh. [18]
1 Km häkeln, um die Runde zu vollenden. In der Mitte zusammenklappen und durch beide Lagen häkeln.
4. Rd: 1 Lm, 9 fM. [9]
Abketten und einen Faden zum Nähen lassen.

HINTERBEIN (2x)

1. Rd: mit grünem Garn 6 fM in einen Fadenring häkeln. [6].
2. Rd: 6x 1 M zun. [12]
1 Km häkeln, um die Runde zu vollenden. In der Mitte zusammenklappen und durch beide Lagen häkeln.
3. Rd: 1 Lm, 1 M zun, 4 fM, 1 M zun. [8]
Abketten und einen Faden zum Nähen lassen. Die vier Beine an der 4. Rd der Panzerunterseite befestigen. Dabei die Vorderbeine auf beiden Seiten des Kopfes und die Hinterbeine am hinteren Panzerende im Abstand von 4 M festnähen.

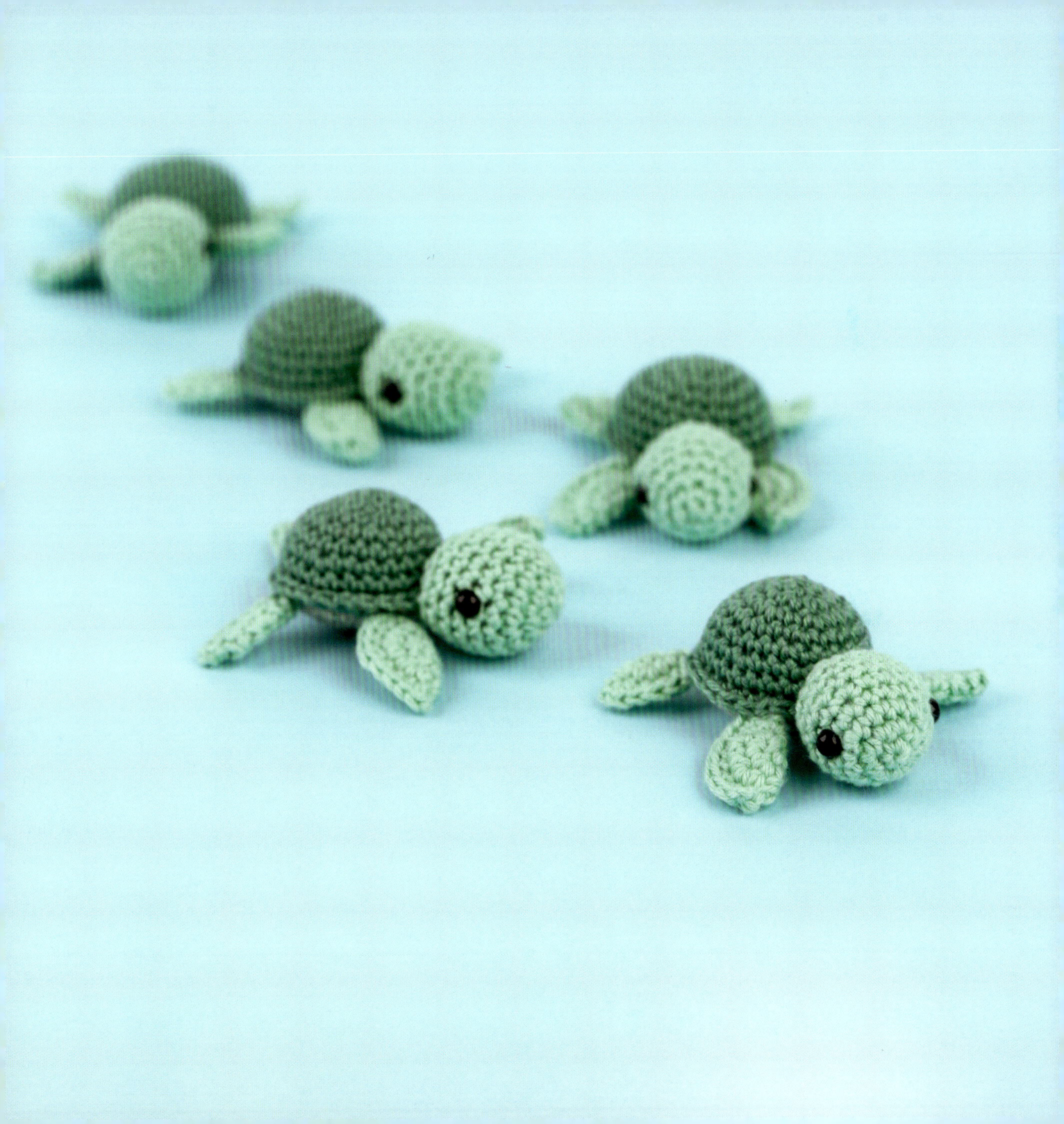

KUGELFISCH

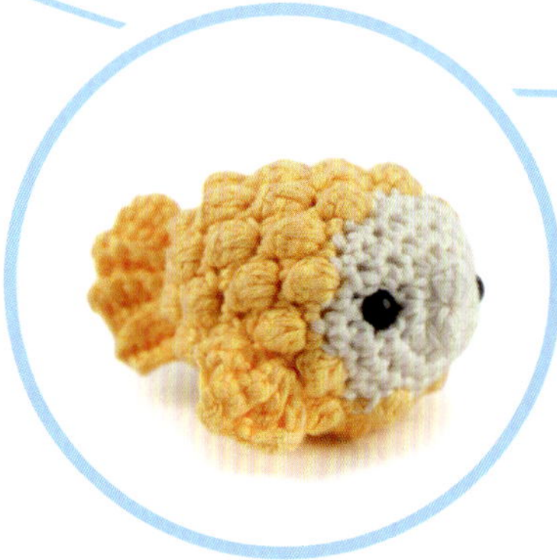

KOPF

Die Noppen müssen in jeder Rd versetzt gehäkelt werden.

1. Rd: mit cremefarbenem Garn beginnen. * 2 fM, 1 Popcorn-M in einen Fadenring häkeln; ab * noch 1 x wdh. [6].

2. Rd: 6 x 1 M zun. [12]

3. Rd: * 1 M zun, 1 fM; ab * noch 5 x wdh. [18]

4. Rd: * 1 M zun, 2 fM; ab * noch 5 x wdh. [24]

5. Rd: 24 fM häkeln. [24]

6. Rd: mit hellgelbem Garn weiterarbeiten, * 1 Popcorn-M, 2 fM; ab * noch 7 x wdh. [24].

7. Rd: * 2 fM, 1 Popcorn-M; ab * noch 7 x wdh. [24]

8. Rd: * 1 fM, 1 Popcorn-M, 1 fM; ab * noch 7 x wdh. [24]

Die beiden Noppen, die in der 1. Rd in den Fadenring gehäkelt wurden, bilden den Mund des Fisches und müssen beim Einsetzen der Augen vertikal positioniert werden. Die Sicherheitsaugen zwischen der 3. und 4. Rd mit einem Abstand von 8 M einsetzen.

Die 6.–8. Rd noch einmal wiederholen.

Kopf und Körper nach und nach mit Füllwatte ausstopfen.

12. Rd: * 1 Popcorn-M, 1 M abn; ab * noch 7 x wdh. [16]

13. Rd: 8 x 1 M abn. [8]

Abketten und Garnende vernähen.

SCHWANZ

Mit hellgelbem Garn 5 Lm anschlagen und in die 2. Lm ab der Nadel einstechen.

1. R: 4 fM häkeln, 1 Lm, wenden. [4]

2.–7. R: 4 fM ihM häkeln, 1 Lm, wenden. [4]

8. R: 4 fM ihM häkeln. [4]

Abketten und Faden zum Nähen lassen. Einen Faden durch das lange Schwanzende fädeln und festziehen, bis eine Fächerform entsteht. Vertikal hinten am Körper festnähen.

FLOSSE (2 x)

Mit hellgelbem Garn 4 Lm anschlagen und in die 2. Lm ab der Nadel einstechen.

1. R: 3 fM häkeln, 1 Lm, wenden. [3].

2.–4. R: 3 fM ihM häkeln, 1 Lm, wenden. [3]

5. R: 3 fM ihM häkeln. [3]

Abketten und Faden zum Nähen lassen. Einen Faden durch das lange Flossenende fädeln und festziehen, bis eine Fächerform entsteht. Am Körper festnähen. Flossen zwischen der 6. und 7. Noppen-Rd auf beiden Seiten des Körpers anbringen.

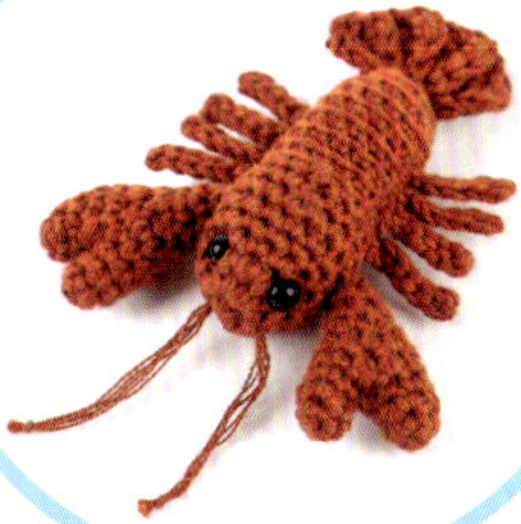

HUMMER

KÖRPER

1. Rd: mit rotem Garn 6 fM in einen Fadenring häkeln. [6].
2. Rd: 6x 1 M zun. [12]
3. Rd: 12 fM häkeln. [12]
4. Rd: * 1 M zun, 3 fM; ab * noch 2x wdh. [15]
5. Rd: 15 fM häkeln. [15]
6. Rd: * 1 M zun, 4 fM; ab * noch 2x wdh. [18]
7.–8. Rd: 18 fM häkeln. [18]
9. Rd: * 1 M abn, 4 fM; ab * noch 2x wdh. [15]
Die Sicherheitsaugen zwischen der 3. und 4. Rd mit einem Abstand von 3 M einsetzen.
10.–14. Rd: 15 fM ihM häkeln. [15]
Den Körper mit Füllwatte ausstopfen.
15. Rd: * 1 M abn, 3 fM, dabei ihM; ab * noch 2x wdh. [12]
16. Rd: 6x 1 M abn, dabei ihM. [6]
Abketten und Garnende vernähen.

SCHWANZ

Mit rotem Garn 4 Lm anschlagen und in die 2. Lm ab der Nadel einstechen.
1. R: 1 fM, 2 hStb, 2 Lm, wenden. [3]
Ab hier alle Maschen ihM arbeiten.
2. R: 2 hStb, 1 fM, 1 Lm, wenden. [4]
3. R: 1 fM, 2 hStb, 2 Lm, wenden. [3]
4.–9. R: die 2.–3. R noch 3x wiederholen, die Lm am Ende der 9. R jedoch weglassen.
Abketten und Faden zum Nähen lassen. Die Kante, an der die fM gehäkelt wurden, fächerförmig zusammennähen. Horizontal am hinteren Körperende befestigen.

BEIN (8x)

Mit rotem Garn 6 Lm anschlagen und in die 2. Lm ab der Nadel einstechen.
1. Rd: 5 fM häkeln. [5]
Abketten und einen Faden zum Nähen lassen. Die Beine zwischen der 8. und 12. Rd des Körpers festnähen.

KLEINE SCHERE (2x)

1. Rd: mit rotem Garn 3 fM in einen Fadenring häkeln. [3].
2. Rd: 1 M zun, 2 fM. [4]
3. Rd: 1 M zun, 3 fM. [5]
Abketten und Garnende vernähen. Die kleinen Scheren werden später mit den großen Scheren zusammengehäkelt.

GROSSE SCHERE (2x)

1. Rd: mit rotem Garn 4 fM in einen Fadenring häkeln. [4].
2. Rd: 1 M zun, 3 fM. [5]
3. Rd: 1 M zun, 4 fM. [6]
4. Rd: 1 M zun, 5 fM. [7]
5. Rd: zuerst fM rund um die kleine und dann um die große Schere häkeln. [12]
6. Rd: 12 fM häkeln. [12]
Nach und nach mit Füllwatte ausstopfen.
7. Rd: * 1 M abn, 2 fM; ab * noch 2x wdh. [9]
8. Rd: * 1 M abn, 1 fM; ab * noch 2x wdh. [6]
9. Rd: 6 fM häkeln. [6]
10. Rd: 6 fM häkeln. [6]
Abketten und einen Faden zum Nähen lassen. Die Scheren auf beiden Seiten des Körpers an der 5. Rd festnähen. Für die Fühler einen Faden abschneiden und an die 2. Rd des Körpers knoten.

IMPRESSUM

Bibliografische Information der Deutschen Bibliothek.

Die Deutsche Bibliothek verzeichnet diese Publikation in der Deutschen Nationalbibliografie.
Detaillierte bibliografische Daten sind im Internet über http://www.dnb.de/ abrufbar.

Bei Fragen zur Produktsicherheit wenden Sie sich an:
Edition Michael Fischer GmbH
Kistlerhofstr. 70
81379 München
kontakt@emf-verlag.de

EIN BUCH DER EDITION MICHAEL FISCHER
4. Auflage 2026

Titel der Originalausgabe: Mini Amigurumi Ocean
Aus dem Englischen übertragen von Verena Thiard-Laforet

Cover, Layout und Satz: Emilia Ruppel
Illustrationen: Emilia Ruppel
Produktmanagement und Lektorat: Lisa Helmus
Fotografie: © Mark Davison/Search Press Studios

ISBN 978-3-7459-1583-9

Gedruckt bei C&C Offset Printing Co., LTD., 14/F,
C&C Building, 36 Ting Lai Rad,TPo,N.T. Hong Kong, China

www.emf-verlag.de

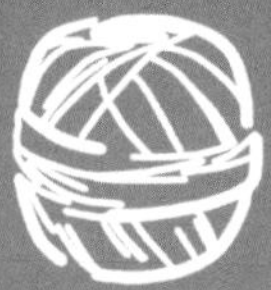